学校に居場所カフェをつくろう！

生きづらさを抱える高校生への寄り添い型支援

居場所カフェ立ち上げプロジェクト 編著

明石書店

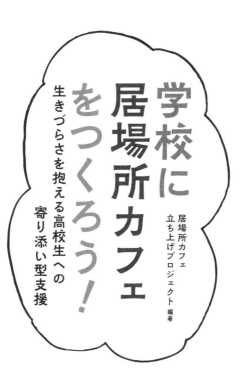

学校に居場所カフェをつくろう！ もくじ

第2章
校内居場所カフェのつくり方 081

第3章 居場所カフェの可能性と続け方

プロローグ

校内居場所カフェって何だろう?

生きるストライクゾーンを広げる

石井正宏（特定非営利活動法人パノラマ代表理事）

親と先生しか知らないひきこもりたち

20年前、ひきこもりの若者を支援するＮＰＯに偶然就職し、初めてひきこもりの若者たちと出会いました。彼らとの会話にたびたび出てくる「どうせ大人なんて」という不信に満ちた大人像を笑顔で受けつつ、その裏でどうにも飲み込みがたい違和感を感じていました。その違和感を分解していくと、結局彼らがいう「大人」って、親と先生なんですよね。

現代社会において、社会に一度も出ずにひきこもるということは、生身のロールモデルがほぼ親と先生しかいないということです。このことに僕は衝撃を受けました。なぜなら、僕の人格形成や人生観をつくったものは、ほぼ親と先生以外の大人たちからの影響でできていたからです。

親や先生への終わることのない呪詛《じゅそ》に対して、「親と先生っていうのは社会の厳しさを教え、規則を守らせたりするのが役目だからさ」とフォローをしたところで、彼らの怒りは収まりません（こういうことをしながら、自分の精神を保っているというのが本当のところなのですが）。それなのに、彼らに染み込んだ親や先生から受け継いだ規範意識は反目しながらも消えることはありません。このトラウマのクロニクルに支配された若者たちの規範意識こそが、生きづらさの正体だと僕は思うのです。

そんな彼らの「〜でなくてはならない」という〝生きるストライクゾーン〟の狭さに、私は何度も困惑しました。その狭さの訳は、彼らが生き様に憧れるような〝カッコいい大人〟や、得体の知れない生き方や価値観をもつ〝変な大人〟に出会わずに大人になったからだと思います。つまり出会った大人のサンプル数が足りなすぎるのです。私の考える支援のポイントは、何らかのスキルを身につけることではなく、多様なロールモデルに出会い、生きるストライクゾーン広げることだと考えるようになりました。

校内居場所カフェでは、生徒が親と先生以外の多様なロールモデルに学校の中で出会い、驚くほど心を許し語り合っています。カフェにはキラキラとした大人だけではなく、生徒からも突っ込まれるような〝変な大人〟がいたほうが、場としての魅力が増すと思います。雑多な多様性が生む価値観の摩擦こそが生徒を成長させるのです。予測不能な未知のロールモデルに出会い、「それヤバくない!?」とか「それはさすがにダメでしょう！」と、ゲラゲラ笑いながら大人たちに突っ込みを入れる生徒たちは本当に楽しそうです。心の中で

「そんなのありなんだ」と常識のパラダイムが覆され、生きるストライクゾーンが少し広がり、今まで手を出さなかった悪球にバットを出してみようと考えるかもしれません。それが生きやすさにつながるのです。これがひきこもり支援に長くかかわってきた私が考える予防支援としての校内居場所カフェの大きな意義です。

学校という均質空間に現れた不均質空間

均質空間である学校の中で、唯一の不均質空間、それが私にとっての校内居場所カフェであり、学校の中でカフェをやる意義だと思っています。いい加減なルールと不完全なサービス、何かがあるけど何かがいつも足りない、そんな未完成の突貫工事的設えが、生徒たちに癒しを与え、ときに主体性を育むのだと思います。忌野清志郎が歌った「ぼくの好きな先生」には、厳然とした学校のルールの時空を歪める変な美術教師がいて、美術準備室が学校の中の不均質空間となり、意図せず清志郎に癒しを与えています。これと同じ癒しの効果が居場所カフェにはあるんだと思います。

生徒たちの人間関係はアメーバ状に分裂と合体を繰り返します。悲劇は分裂したまま合体できずに〝ぼっち〟となり中退してしまうことです。そのような生徒にとって、カフェは合体先のボディーを見つける場となり得ます。大人たちは合体を手助けする媒介者としての役割を担っています。「名前なんていうの?」なんて言いながら初対面同士の生徒がオセロを始めるわけですが、これも教室ではない不均質空間だから起きることです。このように、とても何気なく中退リスクはさらりと回避されているのです。

信頼貯金を貯める居場所カフェ

重苦しい同調圧力を身にまとった一団が一見軽やかに入店して来ることもカフェの日常です。リーダー格がお菓子を取れば全員お菓子を取り、取らなければ全員が素通り。一見コントのようにも見えますが、このような集団は定期的にハブ（仲間はずれ）を排出することが生存戦略なので、それなりにサバイバルな状況なのです。もしもハブになったとき、生徒がカフェスタッフの顔を認識し、会話を交わしたことがあれば、その後の支援がスムーズだったりします。他愛のない雑談が安心や期待という信頼貯金★となり、生徒の心の中の信頼残高になるのです。その残高があれば、生徒は相談室を訪れ、話をしてくれます。逆に信頼貯金がなければ取りつく島がありません。居場所カフェは信頼貯金を貯める場としても機能しているのです。

カフェには、卒業生が離転職に関する相談に訪れることもあります。ひきこもり支援をしていた私からすれば、このときのためにカフェを継続して運営してきたといっても過言ではない瞬間です。電車で1時間かけて見ず知らずの若者支援の専門家に相談するより、3年間カフェで信頼貯金をしっかり貯め込んだ大人たちに悩みを打ち明けたいのは当然の

★信頼貯金
カフェで大人たちと過ごしながら、この大人は自分を理解してくれる大人かもしれないという信頼の期待値。信頼貯金が貯まっていない生徒が自己開示をすることはなく、逆に貯まっていれば聞かなくても話してくれる。

ことだろうと思います。例えば、地域若者サポートステーションの数を増やすより、高校に私のような若者支援の専門家＝ユースワーカーを配置したほうが、若年無業者の捕捉率や費用対効果は高く、これほど有効な箱物利用はないはずだ、というのが私の持論であり、カフェの意義なんだと考えています。

サードプレイスの力

田中俊英（一般社団法人officeドーナツトーク代表）

高校内にあえてサードプレイスを

いまや「下流階層」（全国民の4割に達しています）と呼ばれる階層に属し、家庭に経済的問題や広い意味（ゆるやかなネグレクト・心理的虐待＝暴言等）での児童虐待問題を抱えている子どもたちは、「子ども食堂」等を街の中に設置したとしても、現実にはなかなかそこを訪れません。

そこを訪れるのは、「コミュニティの再生」的価値を支持する中流層（これも国民の4割）の子どもたちであったり、下流層でも「上」のほう、地縁やコミュニティと保護者がつながっている家庭の子どもたちだったりします。

生活保護家庭を中心とした「貧困コア層」は、子ども食堂を訪れないのです。

理由は、食事提供などの「支援」を受けるのが恥ずかしい、そんな場所に立ち寄っている姿を見られたくない、そもそもそうした場所にいる人たち（子ども食堂等の地域コミュニティにいる中流層の人々）とは話が合うはずがない、という圧倒的あきらめからです。

が、「浮遊する保護者」（離婚⇔シングル⇔未婚の恋愛⇔出産等のサイクル）を親にもつそれらの子どもたちが、高校生まではやはり被保護状態であり、自分の力だけでは彼女ら彼らが抱く「孤独」をやわらげることはなかなか難しいようです。

やはり、保護者以外の力、第三者の力、「他者」の力、つまりは「サードプレイス」の力によるサポートを、子どもたちはどこかで欲しています。

けれども、街の中にある子ども食堂には行く気になれない。

やはり、自分が毎日（いやいやながらも）通う「学校」の中にそれがあると、気楽に立ち寄ることができます。

生徒にとって、学校は「セカンドプレイス」です。大人にとっては職場がセカンドプレイスなのですが、生徒にとっては「授業」があり、さまざまな行事がある学校が唯一無比のセカンドプレイスとなります。

貧困家庭の高校生たちは、クラブよりもアルバイトを放課後にやっていたりしますが、クラブにしろアルバイトにしろ「セカンドプレイス」的要素が強い社会資源といえます。そこには、学校名を背負った活動（クラブ）、個人の活動ではありますが金銭取得という社会活動（アルバイト）があり、いずれも生徒にとっては、ある種の人間関係と社会活動が伴う緊張状態に包まれるようです。

サードプレイスは、固定的人間関係や緊張状態から程遠いものです。気楽に立ち寄れるその「場所」で、たまたまその日そこにいて気楽におしゃべりできる第三者的「他者」とリラックスした時間を過ごすところ。

日本にはそうしたサードプレイスがほぼ消滅したといわれますが（日本の代表的サードプレイスは銭湯、あの「街のお風呂屋さん」でしたが、現在は日々廃業されている状態です）、家庭（ファーストプレイス）でも学校やバイト（セカンドプレイス）でも緊張状態に包まれる子どもたち生徒たちにとって、気楽に立ち寄れるサードプレイスが、経済的階層社会になったいま、求められていると僕は思っています。

安全・安心、ソーシャルワーク、「文化」

だから、「高校内」なんですね。単なる居場所カフェではなく、わざわざそこに「高校内」をつけ、「高校内居場所カフェ」としているのはそうした意味合いがあります。

生徒たちが気楽に立ち寄れる学校に、あえてサードプレイスをつくる。そこでの、教師とは違う人々と触れ合うことで、日々の緊張を解いてもらう。この、緊張からの解きほぐしは、高校内居場所カフェでしかもはや行えないのでは、と感じます。

その、緊張からの解きほぐし、あるいは「サードプレイスの力」には、どのような種類のものがあるでしょう。僕は、大きく三つに分かれると思っています。

第一は、「安全・安心」の居場所ということです。

残念なことに、主として経済的下流層の家庭で見られる緊張状態（暴言＝心理的虐待、親の不在＝ネグレクト等）がない空間は、生徒にとってはむしろ貴重なものです。緊張状態はセカンドプレイス（教室）でも生徒を襲い、その極端なものはいじめでしょうが、いじめでなくても、暴言が普通に飛び交うのが生徒にとってのセカンドプレイス＝教室です。

それらから自由になれて「安全」な状態にいることで、「安心」を生徒は得ることができます。安全と安心は、現在の主として下流層の子どもたちにとって、それほど貴重なことなのです。

第二は、「ソーシャルワーク」の始まりをそこでは行うことができます。

ネグレクトにより食事を与えられない（具体的には弁当や小遣いがない）生徒は、その「昼食がないこと」は恥ずかしい事実のため、基本的に「ごはんがないこと」を隠します。親しい友人にだけこっそり打ち明け、パンを半分だけ分けてもらったりしますが、パンを分ける生徒のほうも数日後は逆に昼食を少しだけ分けてもらうこともあります。

こうした情景を観察し、「昼食がない」という情報を得ることが、ソーシャルワークのスタートとなります。また、例えば、体臭がきつい（毎日同じ服だったり入浴していない）という事実は、ネグレクトの発見にもつながっていきます。

これら「ソーシャルワークの始まり」は、生徒たちがリラックスして過ごせる空間だからこそ行うことができる、ともいえるでしょう。

第三には、「文化の提供」という点があります。

貧困家庭においては、家庭内の文化も狭く、紋切り型のものにしか接しないようです。言い換えると、保護者（多くは若年出産のため、まだ30代半ばであることは珍しくありません）が接してきた紋切り的文化と価値しか子どもたちは知らないことが多いのです。

音楽にしろ物語（小説やアニメや映画）にしろファッションにしろ、世界は多様です。ジャズやボサノバ、サリンジャーやピンチョンや攻殻機動隊やヌーベルヴァーグがあってこその、人間の文化であり、「社会」なのです。また、着物やコムデギャルソンがあってこその人間の装いであり、多様性を知ることなのです。

残念ながら、「貧困であること」は、人々に多様性を与えません。ということは、多様な価値も与えず、暴言や暴力は人々を傷つけるものであってそれは決して「しつけ」ではないという当たり前の価値ですら、子どもたちに与えないのです。これらの多様な価値は、大人からの演説や説教で伝えるものでは決してなく、子どもたち生徒たちがリラックスして享受できる空間の中で日々獲得していくものだと僕は思います。その多様性は、道徳的文言からではなく、音楽や物語、多様なファッションから獲得していくものでしょう。

その「多様な文化と価値の獲得」が、結果として（広義を含めての）児童虐待の連鎖から生徒を解き放ち、より自由な生き方を選択できる「土台」になるのだと僕は期待しています。

「高校」で「カフェ」はじめました

辻田梨紗（「ドーナツトークとくしま」開設準備担当）

「学校の中」のカフェのはじまり

東日本大震災があった翌年の2012年、私は高校の空き教室にいた。「となりカフェ」と名前をつけたその部屋には、はじめは数えるほどの生徒さんが先生に連れられて来るだけだった。最初はドリンクもお菓子もあまり提供していなかったが、徐々にメニューを増やし、それとともに生徒さんの数も増えていった。

もともと不登校の小中学生のための居場所を運営していた私は、どうにかして中学卒業後、要するに「高校生」をターゲットに支援を始められないかとずっと思案していた。

不登校だった中学生が高校生になると、義務教育期間とは違い、支援の窓口もきっかけも格段に乏しくなる。そのため、高校をドロップアウトすると問題自体が個人の責任とされ、問題が深刻化、長期化する可能性があり、高校を中退してサポートを必要とする若者が「潜在化」することをなんとかして防ぎたかった。

少しでも不登校支援をしていると誰でも感じることだが、「義務教育を終えてしまった」という壁は大きく、家族や本人の支援ニーズが明確化し、相談窓口に「わざわざ」出向いてくれないと、問題は家族の中に隠されたままになる。問題が「不登校」から「ひきこもり」に移行するのがこの時期なのだ。若者のひきこもり状態が長期化し、深刻化すると支援に時間とスキルが必要になる。

中学を卒業するといきなりすべてが「自己責任」になってしまう社会システムへの疑問と、中卒以降に「高校以外」の選択肢がほぼないことへの違和感もあった（あとで述べる研修で訪れたドイツにはドロップアウトした後のフォローアップが、日本よりは丁寧に用意されていた）。かねてから、支援の届きにくい人たちへのセーフティネットづくりをしたいと考えていた私は、「潜在化」「自己責任」「選択肢の少なさ」といったキーワードと、日本の高校への進学率の高さから、10代最後のセーフティネットは高校につくるのが効率的かつ効果的と考え、高校にこだわってカフェを展開し始めた。

もともと、不登校の生徒が多く通う通信制高校を想定して企画した「カフェ」だったが、大阪府立西成高校の教員の方がカフェの開催高校を探していることを聞きつけ、私たちのもとへ話を聞きに来てくださった。

西成高校としても、長い懸命な先生方の取り組みの中、生徒を支援するさらなるシステムづくりを進めるにあたり、ちょうど外部団体との連携の必要性を感じておられたようだった。当時の校長先生、教頭先生、話を聞きに来てくださった人権担当の先生をはじめ、西成高校でも外部団体を受け入れる体制が整っていたことが、カフェを学校に定着させるにあたって、非常に心強い追い風となった。

こういった理由から、私の中では高校との連携は必須で、「学校の中」にカフェをオープンできることになったことは、さまざまな人の厚意とタイミングが重なった、非常に幸運なことだった。2011年に訪れたドイツでの視察や、その後のフォロー研修のようなものに参加したとき、ドイツの非営利団体のスタッフたちも、「何かが始まるときは、必要な『数字（予算など）』や『体制（人員など）』が整うだけではダメで、ロビーイングや社会的なできごとなど、『ムーブメント』も重なり、『タイミング』が来る。始まらない、始まってもうまくいかないならば、どれかが不十分なのであって、焦る必要はない。どれが足りないのか分析して、そこにエネルギーを注ぐんだ」と話していて、カフェの始まりを思うと妙に納得したのを今でも覚えている。

子ども・若者のための「カフェ」を

学校の中に「カフェ」をつくろうと考え始めたきっかけは、内閣府のドイツ派遣事業だった。

青少年分野の視察を目的に、1週間ドイツを訪れ、関連省庁、職業訓練学校や青少年施設などをまわった。

その中に、日本でいう小学生くらいの子どもたちが通う学校があった。その学校は移民の子どもも多く暮らす地区にあり、先生方が廃材を再利用して学校の中に「カフェ」をつくったとのことだった。

バーにありそうなおしゃれな遊び道具なんかも置いてあったり、視察時には子どもたちが母国のスイーツをふるまってくれた。

他にも地域にある青少年施設内に、子どもたちがメニューを考え、仕入れから販売まで行うカフェがあったりと、日本とは違い、どの場所でも大人たちが子どもや若者を信頼して評価し、「本物」を体験できる設備投資をしていた。

当時、日本ではすでにカフェブームだったが、私は子どもたちにとっても「カフェ」は魅力的な場所なのだと気づき、その憧れは子どもたちを動かす動機づけには十分で、子ども・若者へのアウトリーチ方法が「カフェ」であることで、「居場所」「コミュニケーション訓練」「食事支援」「簡単な職業訓練の導入部分」など複合的な機能をもつ場所として使えると考えた。

何より高校生たちにおしゃれな本物の「カフェの雰囲気」を少しでも味わってほしいという期待も大きく、学校という日常の「となり」に「カフェ」があることで、ちょっとした期待や楽しみ、くつろぎが、高校生にもきっと必要だと信じてやまなかった。

そして2012年夏、「となりカフェ」という名前をカフェ看板に書き、学校の中にカフェをオープンすることができた。カップもコーヒーカップやグラスを使い、スタッフにはエプロンを、生徒さんが来たらドリンクオーダーをとる。なんとかして「カフェ」を感じてもらう工夫を取り入れた。

カフェの副産物

こうして西成高校でオープンした「となりカフェ」は、その後いくつかの府立高校に展開し、高校ごとにカフェに名前をつけた。

さらにオープンしてみての発見は、カフェには「虐待の発見」「ソーシャルワークの入り口」、そして石井さん★がいう「文化や体験の機会の提供」「学校の開放」の機能もあるということだった。

漠然と「カフェがしたい」と思いながらドイツから帰国し、形にしてみると副産物がたくさんあり、周囲の大人たちをザワザワさせつつ、高校生たちにはおおむね好評で、部屋はいつもいっぱいだった。

また、高校生たちの小さな声をひろい、しんどさを受け止める場所として、石井さんが各地で「カフェ」の話をソフトに広め協力者を増やしてくださっていることは、私が一番強く願っている子ども・若者への投資に違いないし、「カフェ」であることが、これだけ

★石井正宏
特定非営利活動法人パノラマ代表理事。田中・辻田とはひきこもり支援時代からの支援者仲間。「となりカフェ」に共感し、横浜で「ぴっかりカフェ」を開始する。10頁参照。

の協力者をつないでくれた大きな副産物だったと思う。

10代の若者の生き方が、もっと多様に、安心して失敗できるような、そんな社会に一歩でも近づくために、全国にある「カフェ」が役割を果たしてくれることを願っている。

第1章

私たち地域の校内居場所カフェ

となりカフェ――「高校内居場所カフェ」1号店

奥田紗穂（一般社団法人officeドーナツトーク職員）

となりカフェのはじまり

「あの子今どうしてる?」と、誰かから聞かれたときに、「カフェに来てるよ」と言えるようにできれば…。

そんな思いで辻田さん★がつくった居場所カフェは〝高校生居場所カフェプロジェクト〟として広まっていきました。

その元祖である大阪府立西成高校内で開設している「となりカフェ」。第1号店となったそのカフェは今年（2019年）で8年目を迎え、より幅広い生徒に向けた居場所として動き出しています。西成高校自体もエンパワメントスクールとなったことで、勉強の学びなおしを希望して入学してくる生徒も多くなり、カフェでも過去に不登校の経験があると

となりカフェの看板と、カフェ内の様子。

★辻田梨紗　ドーナツトーク元共同代表。20頁参照。

話す生徒が増えたように思います。

となりカフェは、高校生活をドロップアウトしてしまいそうな生徒やさまざまなしんどさを抱えている生徒などに、支援者という大人ではなく、カフェとして関わりたいというスタンスで活動しています。

となりカフェの実際

これまでのとなりカフェは大阪府の委託を受けて実施してきましたが、2017年より自主事業として運営しています。今期からは始業前の時間にも居場所をOPENし、お昼はおにぎりを提供するなど新たな取り組みを試みています。またおやつやカフェ備品などは寄付でまかなっており、校長先生はじめ多くの先生方のお力と理解をいただいて運営できております。

現在は月に5回ほど火曜・木曜日にOPENしており、朝（モーニング）とお昼休みの時間帯、もしくは、お昼休みと放課後の時間帯の2セットで運営しています。朝は7時45分〜8時15分。お昼休みは12時30分〜13時10分、放課後は15時30分〜17時に開けており、朝は10名ほど、昼は20名、放課後は20〜30名ほどの生徒が来室します。試験期間中はCLOSEにし、試験最終日はOPENしています。

1年生の中退率が多い傾向にあることから、毎年1年生のカフェ定着に力を入れています。4月に入学した1年生が、他学年の常連客がたくさんいるカフェには入りづらいため、1年生の日をつくり、その時間は1年生専用で、カフェという気楽な空間の体験と、相談ができる場所でもあるということを知ってもらえたらと思い始めました。

　自主事業になり、どうしても事業規模が小さくなってしまいましたが、具体的な支援としては、地域で行われている仕事体験への同行やアルバイト探しのサポート、また学内では生徒支援会議への出席、管理職の先生方との定例会議や各専門職との協力などを行っています。

カフェの意味

　となりカフェの目標は学校定着です。10代最後のセーフティーネットである高校という「所属」が、中退などにより失われ、どこの支援機関にもかかることができず、存在が潜在化することを防ぐことが大きな役割です。となりカフェの立ち位置は学校内のフリースペースであり、そこは保護者や先生とは違う価値観をもつオトナが存在する〝サードプレイス〟の空間です。となりカフェをはじめとするドーナツトークの高校生カフェプロジェクトでは、高校生が悩んだ際に行く場所を相談室などの名称ではなく、だれでも気軽に立ち寄れるところ、また、高校生が憧れる場所であるという想いからカフェという名称をつけました。相談がないから行けないのではなく、誰でも来ることができる「居場所」です。

このプロジェクトでは中退予防や不登校予防が目的でもあるため、高校生と出会える場所であることがカギとなります。相談がなくても飲食を口実に来所することができ、相談するという敷居を低くすることにもつながっており、高校生へのアウトリーチのための工夫がなされています。

相談室での1対1の面談より、ラフに、雑談を通して、近況の把握に努めたり、中退を考えている生徒に対し、他の選択肢を伝えたり、退学へと流れてしまうことを防ぐことが重要な役割です。そのラフにトークできる相手というのが、先生でもない、親でもない、「オトナ」なのです。スタッフ相手に話す中には利害関係が生まれません。無責任に、気軽に話せる相手なのです。安心安全な場が保証され、少しでも信頼できるオトナがいることで、生徒はぽつぽつと話し始めるのです。それはときに陽気でしかしときには重く、その子の背景や抱えていることの大きさを感じることとなります。「よくここまで生きてきてくれたなあ」と思わされるサバイバーたちにもたくさん出会いました。

カフェの働き

生徒の抱えている背景や課題（家庭、家族問題、友人関係、自身の障がい、アルバイト先での環境、進級、中退の可能性など）を会話からキャッチし、必要に応じて、先生、スクールソーシャルワーカー、スクールカウンセラーなどと情報を共有することから支援が始まります。

例えば、家庭環境に変化があり登校状況が乱れはじめ、問題行動も増えてきており、カフェでもそのことをさりげなく話している生徒がいた場合、ケース検討会議後、学校、先生、カフェ、スクールソーシャルワーカーとで役割分担を行います。カフェでは、生徒さんの単位数や出席日数を一緒に確認しに行きますが、一緒に行くということが難しい場合はスタッフが把握し、カフェ来室時に伝えます。ある授業の出席日数が足りないということを知ってもらい、一緒に対策を考えるといったサポートをしていきます。さらに愚痴を言える場としてカフェを使ってもらい、家庭で起きるさまざまな不満や不当な扱いに関しても吐き出せる場となるようにしています。カフェは常にその生徒のそばに寄り添う存在であり、自分のことを気にしているオトナがいることも知って感じてもらいたいのです。

カフェ終了後はスタッフ同士で振り返りを行います。「制服が汚れている」「食事がここ数日あまりとれていない」「ボードゲームをしている中でなかなか順番を守れずもめていた」など生徒の情報やスタッフの見立てなどを挙げていきます。その後、生徒に確かめておきたい内容やそれに伴うスタッフの役割を共有しあい、次回のカフェへとつなぎます。

それぞれの過ごし方

「お菓子は1人1、2個！ドリンクは2杯まで」「授業中はCLOSE」「カフェ内では人を傷つけることは言わない」等のルールはありますが、それ以外は基本的に自由です。

話しに来てもいいし、休みに来てもいい、何もなくても来てもいいという自由で敷居の低い空間です。モーニングでは、朝ごはんを目的に来る生徒さんや比較的空いている朝にゆっくりカフェで過ごしたい生徒さんが来ます。昼、放課後はアルバイトしだいで来る生徒が変わります。学校であったことをスタッフや友達に話しにきたり、疲れている子は仮眠をとる場にしていたり、アルバイトに行く前の30分ほどを過ごしている生徒もいます。他にも、勉強を学生ボランティアに教えてもらう、待ち合わせ場所に使うなど本当にさまざまで、みなそれぞれの生活の中にカフェを上手に取り入れているように思います。

1人でちらっと覗きにくる生徒も数回はスタッフと1対1で話したいと来ますが、周囲の3年生がトランプをしているところにスタッフと一緒に入り、そこからスタッフ以外の生徒と話せるようになることもあります。

中には個別に話を聞いてほしいと希望する子もいます。その場合は事前、もしくは即座にスタッフ内で共有し、別の部屋で個別に面談をすることもあります。しかし多くの生徒は個室を希望しないので、カフェ内の隅のほうで面談する場面が多くみられます。

中には面倒見のいい生徒がいて、他学年にも声をかけてくれ、縦の関係ができることもしばしばあります。3年生に声をかけられたことのある2年生が、自身が3年生になったときに下の学年の生徒をカードゲームに誘っている場面を見ると、いい流れだなと思いますし、その生徒自身も、「小、中学生のときは不登校気味で人と話したくもなかった自分がそんなこと言えるなんて…」とびっくりしていました。「高校生になったから切り替えた」と言います。10代には変わるきっかけがいろんなところに隠されています。

スタッフは来た生徒には必ずひと声かけるように心がけており、生徒からは、「久しぶりに来たのに名前を知ってくれていることが嬉しい」と言ってもらったことがあります。そんな温かい雰囲気を大切にしています。

スタッフの存在

生徒から語られるトークの中に出てくる色々なサインをキャッチすることが必要な役割の一つです。キャッチした内容を再度雑談の中で確認して情報を整理します。そして、本人に他の支援者の存在を示し、許可を得て、情報を関係者間で共有することが王道です。生徒によっては許可が得られない場合もありますが、緊急性が高く、今後大きな問題に発展しかねないという事案については代表と会議を重ね、先生に伝える場合もあります。その場合は先生方に情報の扱いには十分注意してもらい、裏で生徒の環境の調整につなげてもらいます。

トークだけではない生徒のサインに気づく力や視点も必要です。「周りが兄弟の話をしているとき、一瞬顔が曇っていたな…」とか「字を書くことや細かい作業は友達に任せることが多いな」など、普段の様子やイベントの場面から、その生徒が抱えている背景が明らかになることがあります。そのような小さなサインをいかに見落とさないかが、課題を早期に発見することにつながり予防になるのです。

私たちの活動の中のモットーは「生徒の利益の最優先」です。生徒の環境や現状をすべて解決することはなかなか厳しいですが、精一杯の想いで語ってくれた生徒をエンパワメントしていきたいと思っています。できる支援はできるだけやっていきたい、そして1人ひとりの語りをゆっくり丁寧に聴いていくスタッフ、オトナでありたいのです。

モーニングのスタート

これまでスタッフとしてカフェを運営していく中で、残念ながら中退を食い止めることができなかった生徒がいました。全日制から単位制や通信制の高校への転学や、本人が納得のうえで中退という道を選んだケースもありましたが、不本意なまま中退となってしまった生徒も見てきました。

そんな現状でカフェの中で見聞きしたことで多かったことは、朝起きられず1時間目の授業に間に合わないことでした。3時間目や昼からはなんとか起きて登校できるのに、午前中の単位を落として留年、そして中退になっている生徒も見られました。

そこで始業前の時間にカフェを開けることで、1時間目から出席するきっかけになるかもしれないという思いで実験的にモーニングをスタートしてみました。

朝ごはんを食べているという話はあまり聞いたことがなかったことから、通常のおやつの代わりにトーストを提供しました。「おはよう！」という声や、トーストとコーヒーの香りの中で朝ごはんを食べるという時間を意識し、朝からさまざまな刺激が生徒を包みます。

いざ始めると、3年生の男子がぽつぽつと来るようになりました。数人で丸い机を囲んでトーストとコーヒーを食べていると、「朝に家族と過ごした記憶がない」「母はどこにいるのか分からず、朝はいつも1人で家で過ごしている。いつものこと」と話してくれました。朝に家族で食事をとることは難しく、そこにコミュニケーションはありません。家から生徒を送り出してくれる機能がないことを感じます。モーニングとなりカフェは、何気ないことを言える空間であり、スタッフやほかの生徒がそれに対して答えることでコミュニケーションに包まれ、大きな食卓のような雰囲気さえ感じます。

ある生徒は昨晩家庭で起きたつらい出来事を話してくれました。昨晩はほとんど寝られず、やっとの思いで学校に来たんだと言います。ただ家にいることがしんどく、この気持ちのまま教室に入る気になれずカフェに一休みに来たと言うのです。スタッフに話していましたが、周囲の友達も一緒にいてくれていました。このようにみんなでしんどい話を共有するというのはとなりカフェではよくある光景です。その生徒はスタッフやカフェメンバーに吐き出すことで気持ちの整理をつけ、教室へ行きました。長い夜を自分なりの方法で何とか過ごしてきた生徒にとって、教室に入る前のワンクッションの機能も果たしているのではと感じた体験でした。

イベント

カフェでの取り組みの一つに、イベントがあります。季節ごとにイベントをしており、七夕の際は「一つ願いをかなえます」という企画を考え、生徒が書いた願いごとから〝おやつをたくさんお腹一杯食べたい〟という願いを採用しました。

3学期の終わりごろ、「最後になにか思いきり楽しめることをしたい！」という声が挙がりました。まだカフェを利用していない生徒や時間が取りにくい生徒も参加しやすいものにできたらという思いもあり、ルールがなく、単純なものにしようと決めました。大きな模造紙の上に手や足やさまざまな道具を使い、絵の具で自由に書いていく「塗りたくる」というものを企画しました。道具は普段、絵を書くときには使わないほうきや、歯ブラシ、たわし等を使い、思いっきり遊ぶことを体験してもらいました。このようにイベントを行う際には一工夫入れるのがとなりカフェの特徴です。

こうしたイベントに力を入れるのは貧困等を背景にもつことからくる「文化的貧困」へのアプローチでもあります。貧困を背景にもつ生徒さんはそうでない生徒さんに比べて体験に偏りがあり、特に文化的な体験はどうしても世帯の経済状況に左右されます。そのようなことから小さな頃にできなかった体験をしてみたり、季節や文化に触れることができるとなりカフェは文化の香りがあるのです。

それだけではなく、不登校経験をもつ生徒やコミュニケーションにしんどさを抱えている生徒に対しても、気楽に他人と関わる雰囲気をつくることや、スタッフとの関係性の一歩としてイベントを利用している面もあります。大勢の人がいる場所は苦手な生徒もその場には居合わせ、参加はしないけれども感想を言い合うなど、となりカフェの「いるだけでもいい」という環境に落ち着くようです。

編み物や、クイズ大会、カップラーメン食べ比べなど、イベントにすることでより非日常を経験し、普段の生活にちょっとした刺激を与えるものになっているのではないかと思います。イベントはスタッフが企画するものばかりではなく、ある生徒をエンパワメントすることを目的に設定することもあります。ターゲットの生徒が得意なものや、興味のあるもの、やってみたいと話していたことをイベント化し、実施することでその生徒の見せ場をつくることや、イベントを通して世界を少し広げるお手伝いをします。

カフェにあまり定着していない生徒の場合であると、来所しやすい環境をイベントによって演出することもあります。このように複数の生徒に向けたものから生徒1人ひとりに対しての個別の支援を丁寧に行っていく。これがソーシャルワーク付き居場所である、となりカフェの特徴です。

効果

1年生から常連の4人組メンバーがいました。学年が上がっていくと、どんどん後輩がカフェを利用するようになり、自分たちのくつろいでいたスペースがだんだんと失われてしまいました。その後、カフェに来る回数が減り、スタッフ内ではきちんと対応できてなかったのでは、申し訳ないことをしたなあと反省をしていました。するとそのメンバーである生徒が中心となって自分たちの教室で放課後、おやつを持ち寄りトークに花を咲かせていました。自分たちでミニカフェを開いていました。こうしてカフェがないところでも居場所をつくり上げており、「もうとなりカフェは卒業したのだなあ」と安心した思い出があります。居場所はずっといるものではなく、いつかは卒業して次のステップに行くための準備段階の場所なのです。

安心で安全な場を感じながら人に話を聞いてもらう時間や、同じような経験をした人との出会いなど、カフェで感じた刺激は生徒によってさまざまです。卒業後も、社会の中で自身のサードプレイスを見つける力ができれば、それはとなりカフェの効果であると言えるのだと思います。

ぴっかりカフェ——ヒト・モノ・コト＝文化のフックが社会へつなぐ

小川杏子（特定非営利活動法人パノラマ職員）

ぴっかりカフェって？

ぴっかりカフェは、相談員として神奈川県立田奈高校に派遣されていた現パノラマ理事長の石井が、ぴっかり図書館で相談を受けていたことがきっかけとなっています。個室で相談を受けるのではなく、生徒たちの日常の中で出会い関係を築いておくことで、何か困ったことがあったら相談をしてもらえる環境を、そして生徒たちがまずは「来てみたい」と思うような場をつくろうと、大阪で取り組まれていた校内居場所カフェを参考にぴっかりカフェが誕生しました。

「ぴっかりカフェ」という名前は、ぴっかり図書館という図書館の名前が由来となっています。これは、学校司書の松田ユリ子さんが、田奈高校に赴任して初めて図書館に入っ

ぴっかりカフェの開店前には図書館の前に看板が出される。

たときに光が差し込む明るい図書館の様子を見て、「ぴっかりだ！」と思ったことから名づけられています。全国の校内居場所カフェはそれぞれ多目的室や会議室、ピロティなど、さまざまな場所で開催されていますが、ぴっかりカフェの大きな特徴は、図書館でカフェを開催しているということです。

ぴっかりカフェが図書館内で開催していることのメリットがいくつかあります。その一つが、学校司書の松田さんがいつもいて、生徒たちも日常的に利用する場であるということです。授業や休み時間に図書館に来て、松田さんに出会い、「木曜日にカフェがあるからおいで」と言われたことがきっかけでやってくる生徒や、普段から図書館に来ていてその延長でカフェに来る生徒も多くいます。木曜日だけ開催される非日常のカフェですが、いつもの松田さんがいる図書館で開催されることは、ある種の安心感を生み出しています。

そして、もう一つのメリットは、本棚や本がうまく隠れ家をつくってくれるということです。広い部屋だと苦手な生徒がいたり、1人で来たりしたときにゆったりと過ごせる場所がないのですが、本棚があることでうまく死角がつくられ、自分のペースで過ごすことができます。また、1人で来た場合でも本を読んでいるという状態でいられることで他の人の視線を気にせずに過ごすことができるのです。

そんな図書館で開催している校内居場所カフェ、ぴっかりカフェは、通常、木曜日のお昼休みから放課後16時まで開催されています。ぴっかりカフェは生徒たちが何にも縛られることなく自由に過ごすことができる場であると同時に、①「文化的シャワー」の提供が

ボランティアさんからジュースやおやつをもらう生徒たち。多様な大人とのファーストコンタクトの場である。

される場、②多様なロールモデルとの出会いがある場、③「信頼貯金」が貯まることで、在学中も卒業後も困ったことがあったら相談できる場となればという想いで運営されています。

「文化的シャワー」とは、さまざまな理由で家庭で提供することが難しい文化的な経験（浴衣を着る、自分の聞いたことのない音楽を聴く、食べたことのないものを食べるなど）をカフェで体験してもらうというものです。ぴっかりカフェにはスピーカーがあり、誰でも音楽を流すことができます。また、マスター石井がもってきたレコードをレコードプレイヤーで流すことができる日もあります。

その他にも、浴衣パーティーやカレーパーティー、ハロウィンパーティーやクリスマスパーティーといった、さまざまなイベントを開催することで、季節ごとの文化的な体験を提供しています。浴衣パーティーでは、プロの美容師さんにヘアメイクをしてもらうことができ、着つけボランティアさんに自分の選んだ浴衣を着つけてもらうことができます。初めて浴衣を着た！という生徒もいて、夏ならではの経験をする貴重な場となっています。

ぴっかりカフェには年間延べ250名、一回平均8名ほどのボランティアさんが参加しています。このボランティアさんの存在がぴっかりカフェを多様なロールモデルと出会える場にしています。パノラマのスタッフ2名、学校司書でありパノラマの理事である松田さんに加え、多様な背景をもっている大人たちとカフェに行けば出会えるのです。先生や親だけでない大人たちと、一緒にボードゲームをしたり会話をする中で、さまざまな仕事の話や生き方のこと、あるいは自分の悩みについての多様な意見を聞くことができます。例えば「学校を辞めたい」という生徒に、ある人は自分の経験を語り、ある人は自分の子どものことを語ったりします。このように、生徒たちが多様な価値観を知る場となっているのです。

ぴっかりカフェのもう一つの役割が、「信頼貯金」が貯まった大人がいる場であることです。ぴっかりカフェには卒業後におやつをもって遊びにきたり、相談にやってくる卒業生がいます。ぴっかりカフェに関わる大人たちは卒業後も変わらず生徒たちの名前や顔を覚え、一緒にボードゲームをしたり、ギターを弾いたりする中で、生徒たちにとって少しずつその大人は「信頼できる人」になっていきます。このように「信頼貯金」が貯まっていくと、何かがあったときに「あ、この人に言ってみよう」と顔が思い浮かぶ存在になります。

相談員の顔が見えない相談機関に行くことはハードルが高い、あるいはそもそもそういった場所があることを知らないかもしれませんが、ぴっかりカフェは在学中から、自分が信頼できる大人に進路や就職のこと、その他さまざまなことを大人と話ができる場となっています。そして、卒業後も変わらずにあることで、卒業してからも帰って来ることのできる場となっているのです。

ぴっかりカフェの日常

ぴっかりカフェにはソファ席や本棚の陰の席など、いろんな席があり、どの席を取るか！は生徒たちにとってカフェでその日心地よく過ごせるかどうかに関わる大事なことです。そして、カウンター近くの席は飲み物やおやつがすぐにもらえるという魅力があります。チャイムと同時に（あるいはチャイムの前に入り口に並んでいる生徒も）がらがらっと図書館のドアが開き、「よし！一番！」と一番乗りの生徒が入ってきます。その後、続々と生徒たちがやってきます。

生徒たちが入ってきて（場合によっては席を取って）まず最初にすることは、図書館の貸出しカウンター前に置いてあるコップを取って呼んでほしい名前を書くこと。ここに思い思いのニックネームを書きます。これは、カフェでおやつやジュースを提供するカウンター越しに関係を築くための一つの工夫です。カフェのカウンターでジュースを注いで渡す際に、ボランティアやスタッフは「はい、○○」とその生徒が書いた名前で呼びながら渡します。ここから「どうして○○なの？」、あるいは「名前ないじゃん〜、何て言うの？」と会話が始まります。そして次回カフェに来た際に、その名前を呼びながら声をかけると、信頼貯金が貯まるきっかけとなるのです。私たち大人もカフェで生徒から名前で呼ばれると嬉しいのと同じように、生徒たちにとっても嬉しいことなのだなあと笑顔を見ていると感じます。

そして、カップには名前だけでなく絵を描く生徒もいます。毎回違うカップアートを爆発させる生徒たち。可愛い動物の絵や、ぴっかりカフェの隠れキャラクターぴかりちゃんなど、そこに描かれた色々な絵を見て「すごいね」「可愛い！」とボランティアさんが声をかけると照れくさそうに笑う生徒もいます。これもまた一つのコミュニケーションの方法になっています。

ぴっかりカフェではおやつとジュースやお茶、ホットドリンクを用意しています。また、お昼のみインスタントのお味噌汁やスープを提供しており、これが大人気となっています。お昼をもってきていない生徒もいる中で、育ち盛り・食べ盛りの生徒にとってはインスタントのお味噌汁についている具ではお腹が満たされず、追加用の味噌汁の具を用意しています。

ときどきボランティアさんが作ってきてくれるスペシャルメニューも大人気。ぴっかりカフェの入り口の看板に「今日のスペシャルメニュー　〇〇」と書いておくと、それを見た生徒が「〇〇あるんでしょ！」とカフェカウンターにやってきます。たまたま自分が苦手な食材が使ってあると残念そうな表情をし、「今度は〇〇作ってね」とお願いしていく生徒もいます。前述したようにパノラマでは、「文化的シャワー」の提供をカフェの役割の一つと考えていますが、ボランティアさんが作ってきてくれる初めて聞く食べ物を食べることは新たな経験の場となっています。

最大で1日延べ300名近くが来ることもあるぴっかりカフェ。一番のピークはお昼休みです。お昼は、友達とお昼を食べに来る生徒、ボランティアさんとおしゃべりしながらお昼を食べに来る生徒、お味噌汁やお菓子を食べに来る生徒など多くの生徒で賑わいます。ピーク時には座る場所がなくなり、カウンターで立ち食いそばのように「立ち食い味噌汁」をする生徒たちの姿も見られるほどです。

一方で、放課後の時間はまったりとしたときが流れます。スピーカーで音楽を流したり、踊ったり。ボードゲームをしたり、本を読んだり。バイトまでの時間をお昼寝をして過ごしたり。マスター石井を囲んでウクレレやギターを弾いたり歌ったり。みんな思い思いの時間を過ごします。ボランティアさんを交えてゲームをする中で、他学年の生徒同士やクラスを越えたつながりが生まれることも多くあります。クラスでけんかをして分かれてしまったグループの生徒たちも、それぞれ新たな仲間を見つけて棲《す》み分けして過ごしている姿も見かけます。一つの友達関係が崩れても学校にいられる、そんなきっかけづくりの場所となっている校内居場所カフェは中退予防になっているのだなと感じる瞬間です。

放課後のカウンター周辺には、いつの間にか椅子をもってきて座り始める生徒たちがいつもいます。カウンターはボランティアさんやスタッフとおしゃべりできる場所。バイトのことや友達関係のこと、学校のこと、家のこと、いろんな会話がなされます。

ぴっかりカフェが生徒たちの場所になっているのだなと感じるのが、片付けの瞬間です。終わりを知らせる蛍の光と閉店のアナウンスが流れるとボランティアさんだけでなく、常連の生徒たちも一緒に片付けを始めます。ゴミを集めたり、食器を洗ったり、机を元通りに直したり。これはぴっかりカフェが入学当初からあった2017年度の卒業生から始まり、今は後輩に引き継がれ続いています。「本当は大人だけでやることだよ!」と言いながらも最後のゴミ捨てまで済ませてくれる常連の生徒たちの力なしにはカフェはできないなあと感じます。常連の生徒の中には、カフェのある日はバイトを入れていなかったり、カフェが終わってからの時間にシフトを入れている生徒もいます。

カフェが閉店になって、片付けが終わってもなかなか帰ろうとしない生徒たちもたくさんいます。この、多くの生徒がいなくなった瞬間がゆっくり大人と話せる時間でもあるのです。カフェの時間中は他の生徒としゃべっていたりするとそこでは話しかけることのできない生徒も、ここでは1対1で話をし、最後までボランティアさんたちと名残惜しそうにおしゃべりする姿も見られます。「バイバイまたね、来週ね」と言って帰っていき、次の週に「よっ! この前さあ~」とやってくる生徒たちの姿を見ると、居心地の良い場所となっていることが嬉しく思います。

カフェから広がる、若者の社会的自立支援の仕組み

特定非営利活動法人パノラマでは、校内居場所カフェ「ぴっかりカフェ」だけでなく、青春相談室「Drop-In(通称どろっぴん)」と有給職業体験「バイターン」に取り組んでいま

す。予防支援と若者の社会的自立のためのこれらの取り組みを3本柱で行っているのです。

最初の入り口となるのがぴっかりカフェ。ここは生徒たちと出会い、何かあったら相談できる大人がいる場、場合によっては課題の早期発見の場となっています。カフェでは毎回終わった後に「振り返り」を行います。ここにはカフェ担当の先生（田奈高校の場合はキャリア支援センターの先生）や学校司書、ボランティアさんとパノラマのスタッフが入り、その日の感想や気づいたことを共有します。その中で、先生の方からも「なんだか最近心配なのですよね」という話が出た場合には、個別相談であるどろっぴんで話を聞くこともあります。ときにはカフェで話を聞きながら、「それなら、どろっぴんの日にゆっくり話そうよ」という流れとなったりすることもあります。カフェでは周囲に友達がいて、なかなか本音で自由に話せないけれど、石井・小川と3人だったら話ができるということもあるのです。

「青春相談室Drop-In」はDrop-Out（中退）の反対、中退防止になればという意味を込めた造語です。学校にはスクールカウンセラーやスクールソーシャルワーカー、スクールキャリアカウンセラーといったさまざまな相談先がありますが、どろっぴんはどこに相談に行ったらいいか分からないような、あいまいな悩み（場合によっては悩みにもなっていないようなこと）を会話を通じてほぐす時間となっています。最初は恋愛や友人関係の悩みで来たけれど、その背景には本人の置かれている環境が影響をしていることも多くあります。最初の訴えを聴きながら、それを少し大人な視点で俯瞰《ふかん》的に捉えてみる、そんなときに初めて相談室で出会うのではなく、カフェで信頼関係が築けていると、生徒もリラックスして話をすることができます。このように、カフェで出会いどろっぴんへということもあれば、どろっぴんに来た生徒がその後カフェにやってくるようになり、カフェで近況を聞かせてくれるということもあります。相互に大事な役割を果たしているのです。

カフェではバイトの話をすることもよくあります。バイトをしたいけれど、さまざまな事情で不定期でないと入れない、あるいは面接に行ったけどだめだった等々。このような場合に先生や生徒と相談して進められるのが「バイターン」です。有給職業体験バイターンは、バイトとインターンをかけた造語で、就職する前に成長を見守り応援してくれる大人がいる場で職業経験をする取り組みです。バイターンでは、さまざまな生徒の事情も考慮し、パノラマのスタッフやバイト先の大人が見守りながら、学校生活外で職業体験をすることで、自分の得意なことや苦手なこと、職業への適性を知ることができます。カフェはその始まりのきっかけの場となることがあると同時に、バイターンが始まった生徒を見守る場ともなるのです。

カフェを通じて広がる、若者を支える地域

特定非営利活動法人パノラマでは、2017年よりボランティアさん養成講座を開催するなどし、地域の高校（あるいは高校生）を地域の大人が応援するような仕組みづくりを目

指しています。

現在年間250名のボランティアさんがぴっかりカフェに参加していますが、その中にはカフェ開設当初から継続的に関わってくれている地元のNPOの方たちや地域の大人がいたり、新しく参加してくれる大人がいたりします。

例えば、大道芸をやっているボランティアさんが来てくれた際には、生徒たちに皿回しを教えてくれました。そこから皿回しが大流行。皿回しは見ていると簡単なようで意外と難しいものです。「やってみる！」と始めたものの、なかなかうまくいかないボランティアさんを横目に「簡単だよ、○○すればいいんだよ」と生徒がアドバイスする光景も見られます。そして、簡単に皿回しをする生徒たちに「おお〜すごい！」とボランティアさんたちから歓声が上がることもあります。

こういう瞬間に、校内居場所カフェでは「役割のシャッフル」が起きます。普段の生活では先生と生徒、親と子といったように役割が固定化してしまいますが、「サードプレイス」（家でも学校でもない場所）では、そういった肩書きが関係なくなり、何かをする側、してもらう側が入れ替わるのです。

他にもこんなことがありました。自分の仕事のことを話して進路について話を聞いているように見えたボランティアさんが「自分の子どもとの関わり方をもう一度考えてみようと思いました。あの子もこうやってたくさんの人に関わりながら育っていくのだから、自分があーしろこーしろと言わなくても大丈夫だと思いました。」と言って帰っていったのです。私自身もパノラマに就職したばかりの頃は、常連の生徒たちに助けられながらカップの置き方やごみの捨て方などを教わりながらカフェを運営してきました。「仕事とかしてるの？」と聞かれ、とまどうような出来事が起きるのも、学校というセカンドプレイスにありながら、サードプレイス的な場所（石井は2・5プレイスと言っています）だからなのだろうと感じます。

このサードプレイス感によって、ボランティアに参加する地域の大人にとってもだんだんと校内居場所カフェが一つの居場所になっていきます。「○○に関心があるから」と始まったカフェのボランティアさんも、生徒に「○○さんまた来てね」と言われ、次第に「○○どうしてるかなと気になるから」「なんか私も居心地がいいから」と変化していくのです。

こうやって、1年に一度かもしれないけれど、参加してくれる大人が増え、少しずつ顔の見える大人が地域に増えることの意味を感じる出来事もありました。ボランティアに継続的に来ている地域のNPO法人では、子ども食堂を開催しています。初めての場所は行くのは誰にとっても勇気がいるもの。でも、いつもぴっかりカフェにいる○○さんがいるなら！と遊びに行くついでに立ち寄っていく生徒たちがいたのです。また、たまたま駅前で生徒に出会い、立ち話をする中で心配な状況を聞いたと伝えてくれるボランティアさんもいます。地域に顔の知っている大人がいることは、何かあったら行ける場所があるということであると同時に、いつも見守ってくれる大人がいるということでもあります。

ぴっかりカフェができてから4年が経ち、少しずつ支えてくれる地域の輪が広がってきています。これまではスタッフや理事のつながりの中でカフェに関わる人の割合が多かったのですが、地域のローカルメディアや新聞・テレビの取材、口コミなどでカフェの存在を知っている人が学校周辺の地域に広がりました。今では「学校まで歩いてこれますから！」という方もボランティアさんとして参加してくれています。校内居場所カフェの取り組みを通じて地域の大人が若者と出会い、若者を支える地域が創られていけばと思っています。

ぽちっとカフェ——地域と連携した高校内居場所カフェ

鈴木 健（社会福祉法人青丘社職員）

ぽちっとカフェの概要

川崎市立川崎高校定時制で行われている「ぽちっとカフェ」がスタートしたのは２０１４年10月のこと。２０１４年度、２０１５年度は川崎市生活保護・自立支援室の事業として、２０１６年度から川崎市教育委員会の事業として、今に至ります。

カフェを運営しているのは高校に隣接する桜本地域で約50年前から活動する社会福祉法人青丘社という法人で、市の指定管理者として運営している川崎市ふれあい館（社会教育施設と児童館の統合施設）のスタッフがコーディネーターをしています。

地域の児童館のスタッフがカフェマスターを務めています。地域の児童館と高校が連携して運営している点が「ぽちっとカフェ」の特徴です。

カフェで高校生の話を聞くスタッフと、ぽちっとカフェの看板。

ぽちっとカフェのある川崎市立川崎高校定時制は、昼間部・夜間部の二部制の定時制高校で生徒数は約３３０人で、生徒の大半が高校の周辺地域で生活をしています。

他の定時制高校と同様、小中学校時代に不登校の経験のある生徒や厳しい経済的環境や不安定な家庭環境など困難な状況にある生徒も多くいます。

その中で、ＮＰＯの実施するキャリア教育プログラムを取り入れたり、企業でのインターンシッププログラムを実施するなど、高校生の将来の自立を支えるキャリア教育に力をいれている高校です。

カフェは毎週金曜日の夕方5時から10時までオープンしています。カフェを開いているのは職員室前のオープンスペースで毎回約80人の利用があります。

夕方4時から開店準備をしていると、5時30分から授業の始まる夜間部の高校生がさっそくカフェにやってきて、一緒に準備を手伝ってくれます。5時半前になると夜間部の生徒は授業を受けに教室に向かい、それと入れ替わりで、授業の終わった昼間部の生徒がカフェを目指してやってきます。

ぽちっとカフェでは、カフェで生徒を待ち受けるだけでなく、授業の終わるタイミングで教室に声を掛けにも行きます。人が多いカフェには来づらい生徒やいつも席がいっぱいで座れないからとカフェから足が遠ざかってしまっている生徒とも教室で話をしたり、相談に乗ったりもします。こうした校内アウトリーチ活動も「ぽちっとカフェ」の特徴です。

カフェの取り組みについて

（1）居場所をつくる

カフェで大切にしていることは何よりも高校生が安心して、くつろげる居場所づくりです。お菓子や飲み物を用意して、トランプやカードゲームなどもさりげなく置いておきます。

カフェの利用者で圧倒的に多いのは高校1年生です。小中学校時代に不登校の経験があったり、人間関係につまずいた経験があり、高校に入学したものの、友だちができるか人間関係に不安をもっている生徒が多くいます。そうした生徒が新しくできた友だちと一緒にカフェにやってきます。経済的に厳しいため、高校の外でカラオケに行ったり、カフェでお茶をしたり、遊びに行ったりする余裕はありません。ぽちっとカフェで飲み物とお菓子が無料で提供され、友だちとの楽しい時間を過ごせることを生徒は大変喜んでいます。

また、家に居場所がない生徒はカフェのオープンからクローズまで何をするでもなく、ずっとカフェで過ごしています。「私さ、家に居場所がないんだよね。家に帰ると食事の準備を全部させられたり、兄弟の面倒を見なきゃいけないし、かといってお金もないからどこにも行けないし、親は自分の話を全く聞いてくれないし」。カフェが終わる時間が近づいてくると「家に帰りたくない、家に帰りたくない」って叫んだりしていることもあります。

こうした居場所を求める高校生たちが安心して、楽しく過ごせる場づくりがカフェのベースにあります。

(2) 高校生の生活を支える

高校生たちは困ったことや悩みがあってもなかなか相談できません。生活に困っていても、それが当たり前だと思い、相談したり、大人に頼ったりすることができなかったりします。また、大人から「相談してもいいんだよ」と言われても、困っていることや悩みをうまく言葉にすることができず、何をどう相談したらいいのか、わからなくて、相談できなかったりします。

カフェが居場所になってくると生徒は徐々に変わっていきます。「実は、今、家が大変なことになっていて、どうしたらいいのかわからないの」「お金がないから高校を辞めてくれって親に言われている」「お金がなくてご飯が食べられない」「体調が悪いけど、病院に行けない」「実は妊娠してしまった」「リストカットが止まらないの」、そんな思いを話してくれるようになります。

また、生徒の状況を知った先生から、生徒がこんなことで悩んでいるんだけど、どうしたらいいのか教えほしいと相談を受けることも多くあります。先生は生徒のサポートにも熱心に取り組んでいます。しかし、日常業務に追われる中で先生が福祉制度などに精通し、関係機関の人たちとつながりを持つことは容易ではありません。また、週1回のカフェでできることは限られます。

カフェでは、先生の生徒を支えたいという思いや先生の取り組みを大切にしたうえで、関係機関との連携を大切にしています。私たちだけでは解決できないことは連携で対応していく。児童相談所や福祉事務所の生活保護ケースワーカー、「地域みまもり支援センター」の地区支援担当の社会福祉職や保健師、だいJOBセンター（川崎市の生活困窮者相談センター）など市内の関係機関と連携しながら、対応しています。

（3）高校生のキャリアを支える

高校ではキャリア教育を大切にしていますが、それでも課題もあります。定時制高校の生徒の多くが高校卒業後に就職していくことを考えると、在学中のアルバイト経験がとても大切になります。また家庭の経済状況が厳しいため、生活のためにもアルバイトが必要な生徒も多くいます。

しかし、不登校の経験者や対人関係に不安がある生徒はアルバイトをしたいとは思っているのですが、なかなかアルバイトをすることができません。

カフェでそうした高校生から相談をうけ、アルバイトの探し方や履歴書の書き方を教えたり、カフェスタッフのアルバイト経験の話をしたり、生徒同士でアルバイトの経験を話し合ったりもしながら、将来のキャリアに直結するアルバイト探しのサポートをしています。

それでもなお、アルバイトをする自信がないという生徒もいます。そうした生徒のために地域の社会福祉法人としての強みをいかし、法人のさまざまな事業所での就労体験にも取り組んでいます。実際に、関連法人が運営する保育園で就労体験をした高校生がアルバイトをできるようになり、就職できたといったこともありました。

（4）学びを支える

高校生の中にはこれまで十分な学びの機会がなかったために学習に苦手意識があり、そのために学校になじめない生徒もいます。学校でもそうした生徒のために選択授業などでの学び直しの機会を提供したり、補習を行ったりもしていますが、カフェでも勉強を教えてもらいたいという生徒の声があります。

そのため、特にテスト期間中などはカフェを学習カフェと位置づけ、高校生の学習をサポートする取り組みを行っています。

学習カフェでは、各学年、教科の先生がプリントを用意してくださり、時間をみつけて学習カフェで生徒の勉強を見てくれる先生もいます。

地域の児童館との連携について

高校内居場所カフェだけでできる生徒のサポートには限界があり、さらには困難な状況を生き抜いてきた高校生のサポートを高校に入ってからの段階でできることにも限界があります。

ぽちっとカフェのある高校から川崎市ふれあい館までは自転車で10分程度の距離にあり、必要があると、すぐにコーディネーターが高校に行くことができます。さらには高校の先生がふれあい館にすぐに来ることができ、高校生を学校だけでなく、地域で見守り、居場所づくりをすることが可能となります。

こうして地域にある児童館と高校が連携して、高校生の自立を支える取り組みをしています。

(1) 川崎市ふれあい館でのこども・若者の居場所づくりについて

ぽちっとカフェの事業を受託している社会福祉法人青丘社は在日韓国朝鮮人の集住地域である桜本地域において、保育園、近隣の3つの小学校での学童（わくわくプラザ）、児童館、障がい者関係の事業、高齢者事業、多文化事業など、約50年前から「誰もが力いっぱい生きるために」をキーワードに地域福祉の推進に取り組んできました。

同法人が川崎市の指定管理者として運営している川崎市ふれあい館はこどもから高齢者まで日本人と外国人住民がふれあいながら、差別のない共に生きる地域づくりを目指し、児童館と社会教育施設の統合施設として、１９８８年に川崎市によって設立された施設です。

ふれあい館は児童館として、地域のこどもたちが放課後に遊びにきますが、単に自由来館でこどもたちを受け入れるだけでなく、こども・若者の居場所づくりに取り組んでいます。小学生を主な対象とした「こども食堂」など、中学生を対象とした「中学生の学習サポート」（生活保護世帯は川崎市事業、その他世帯はふれあい館事業）、外国につながる小学生、中学生の学習サポート、小学生の多文化こどもハロハロクラブなどの多文化事業にも取り組んでいます（高校への通訳派遣など学校の多文化支援も行っている）。

このように未就学児段階からライフステージごとに地域で居場所づくりを行っており、そのワンステージとして、高校生を対象とした「ぽちっとカフェ」があります。

こうした取り組みによって、地域で長期にわたりこども、家族との関わりをもつことが可能となり、ぽちっとカフェを利用する高校生の中には、保育園の卒園児や学童出身者、児童館の利用者がたくさんいます。小さなころから地域で関わり、よく知っている生徒が多くいることは学校にとっても心強いようです。

（2） 地域での高校生のみまもり・フォロー

学校に来ている時間帯のサポートは先生が熱心に関わることができますが、それ以外の地域で過ごしている時間の生徒のサポートを先生が行うことはなかなかできません。また、学校から足が遠のいてしまっている生徒にアプローチし、学校に戻れるように環境を調整し、働きかけることも難しいことです。

学校外の地域での人間関係などがわかり、地域で高校生を見守り、働きかけることができるのも地域の児童館だからこそできることです。

(3) 児童館として高校生に関わる

高校生になっても新しい人間関係をつくることが難しかったり、居場所がなく、ふれあい館にくる高校生も一定程度いますが、地域の児童館を利用するのは大半が小中学生です。高校に入ると多くの生徒が、進学した高校の中で、新しい人間関係を築き、その中で生活するようになり、ふれあい館を利用することは少なくなります。そのため、児童館として、高校生とのかかわりをもつことは難しいのです。

高校生とかかわりをもつためには、高校に私たちが出向くのが効果的です。その意味で「ぽちっとカフェ」は私たちが高校生とかかわりをもつことができる、いい場となっています。ふれあい館では、高校生以上の若者を対象とした夏のキャンプや地域の音楽イベント「桜本フェス」などのイベントも行っています。こうしたイベントに高校生に参加してもらいたくても、児童館単独では難しかったのですが、ぽちっとカフェの高校生が地域のイベントにたくさん参加してくれるようになりました。

また、イベントに参加するだけでなく、地域のこども食堂や小中学生の居場所づくりの手伝いをしてくれたり、地域で働いてくれるようにもなっています。さらに、高校生がカフェで知り合った新しい友だちをふれあい館に連れてくるようになり、ふれあい館が高校生の新しい場所としても機能するようになりました。

（4）中学生を高校に送り出す

中学生の高校進学支援をしていると、高校進学の意欲が低く、あきらめ感が強いこどももいます。そうした中学生の高校進学の支援にあたっては、「高校に行こうよ」と背中を押すだけでなく、「市立川崎高校定時制には、『ぽちっとカフェ』があり、僕たちがいるから安心だよ」とって高校側から中学生を引っぱり、高校進学のサポートができることも、高校内で事業をやっているからこそできるようになったことです。

ぽちっとカフェの利用者の中には、中学校の先生から「ぽちっとカフェ」があるからという話を聞いて進路を決めた生徒もいます。

学校をプラットフォームにした地域包括ケアのさらなる推進を目指して

ぽちっとカフェは定時制高校内でカフェ形式の生徒の居場所をつくり、学習、生活・自立支援、就労支援等をすることにより、生徒が安心して学校に通い続けられるよう、卒業支援（中退防止）をし、貧困の連鎖を断ち切り、困難な状況にある若者の自立を支えることを目的としています。

貧困の連鎖を断ち切り、若者の自立を支えるためには、長期にわたり、こどもの育ち、そして、家族に寄り添いながら関わりをもつことが必要です。小学生の居場所づくりや中学生の学習サポートなどの事業が徐々に広がりつつありますが、高校生を対象とした事業がまだまだ少ないなか、今後の充実が必要となってくるでしょう。

子供の貧困対策に関する大綱（2014年閣議決定）では、「学校」をプラットフォームとした総合的な子供の貧困対策の展開が掲げられています。また、川崎市では、こどもから高齢者まですべての世代を対象とした「地域包括ケア」の推進に力を入れています。

「学校をプラットフォームとした支援」「地域包括ケアの推進」、この2つのキーワードが重なり合って、学校と福祉、そして地域が一体となりながら、高校生の生活を支え、自立支援が進んでいくよう、ぽちっとカフェの機能をさらに強化していきたいと思います。

ようこそカフェ――「つながり」と「体験」が生まれる場

尾崎万里奈（公益財団法人よこはまユース職員）

はじめに――「ようこそカフェ」とは

「ようこそカフェ」は、2016年10月に横浜市立横浜総合高校のフリースペースでオープンした校内居場所カフェです。神奈川県立田奈高校「ぴっかりカフェ」や川崎市立川崎高校定時制「ぽちっとカフェ」をモデルとして、2015年から高校や関係機関との協議を始め、翌年10月に横浜市立高校で最初の校内居場所カフェとしてスタートしました。

毎週水曜日のお昼12時から夕方5時半まで、週1回、校舎1階のフリースペースでオープンしているカフェには、毎回200人以上の高校生が立ち寄り、無料で提供されるドリンクやお菓子、軽食を片手に、おしゃべりしたり、勉強したり、カフェのスタッフと話したりしています。カフェは、それぞれの過ごし方で利用することができる高校内の「居場

カウンターでイラスト入りカップに名前を書いて手渡す。

所」になっています。身近な「居場所」でのおしゃべりや交流を通して、高校生が抱える悩みや相談を聴き、必要に応じて支援につなぐ交流相談の場をコンセプトにしています。

カフェの運営は青少年育成や若者支援を専門とする団体が協力し、大学生や社会人のボランティアとともに運営しています。運営団体は、公益財団法人よこはまユース、NPO法人多文化共生教育ネットワークかながわ（ME-net）、NPO法人横浜メンタルサービスネットワークの三つの団体に加えて、横浜市立大学の高橋寛人教授の研究室がアドバイザーとして関わっています。

高校の特長――定時制・単位制・総合学科の大規模校

横浜市立横浜総合高校（以下、横浜総合）は、横浜市の南区にある三部制の定時制高校で、単位制・総合学科という特色をもつ全国的にも珍しい高校です。

在校生は1000人以上、教職員は約140人の大規模校で、午前（I部）・午後（II部）・夜（III部）の三つの部で構成されています。4年間で卒業を目指すのが標準的なスタイルですが、自分の所属する以外の部でも授業を受けることで、3年間で卒業することも可能なため、入学時からそれを目指す意欲的な生徒も多くいます。

生徒1人ひとりの生活リズムや興味・関心に応じた時間割で学習を進めることができる単位制・総合学科のスタイルは制約が少なく、集団行動や人とのコミュニケーションが苦

大学生スタッフに勉強を教えてもらう生徒。

手な生徒でも適応しやすいなどのメリットがあり、小・中学校のときにいじめや不登校の経験がある生徒や複雑な家庭環境や経済的な課題を抱えている生徒、外国につながりのある生徒など、さまざまなバックグラウンドをもつ生徒が在籍していています。

一方、単位制のために生徒と教員の接点が限られているので、教員が1人ひとりの背景や事情を細かく把握して支援することは困難です。卒業に向けて生徒自身が計画的に学習を進めていく意欲や自律性が求められますが、授業出席率や単位修得率が低く、中途退学や転学、進路未決定での卒業が多いという課題もあります。中途退学者は全体としては減少傾向にあるものの、その理由は変化しており、正規就労や家計を助けるためにアルバイトに専念せざるを得ないケースが増えてきているようです。

また、進路が決定しないまま卒業していく生徒の中には、当初は進学を希望していたものの、経済的な理由から進路変更を余儀なくされ、気持ちの整理がつかないまま就職活動でつまずいてしまうケースがあります。家庭が生活保護世帯で保護者から就労を望まれていないケース、メンタルの課題を抱えているケースもあり、卒業後の社会的自立に向けて継続的な支援が必要な生徒は少なくありません。

このように、さまざまな事情を抱えながら定時制高校に通う高校生と関わり、社会的自立に向けて支援する取り組みとしてスタートしたのが、「ようこそカフェ」です。

カフェの様子——ようこそカフェの特色

横浜総合高校の校門から校舎に入り、まっすぐ廊下を進むと、そこには2階まで吹き抜けの開放的な空間が広がっています。二つの校舎をつなぐ廊下に面したフリースペースです。毎週水曜日のカフェは、この場所でオープンしています。ベンチが置かれた小さな東屋が立つ中庭に面したフリースペースは、壁一面の窓越しに光が射し込み、2階の廊下からフリースペース全体を見渡すこともできます。

普段からいくつかの丸テーブルとイスが置かれているフリースペースに、水曜日はカウンターテーブルや看板、長机、イスが並べられ、カフェがオープンする12時ごろになると、授業が終わった生徒でいっぱいになります。いまでは水曜日のフリースペースのお馴染みの光景です。

午前の授業を終えたI部生がほっと一息ついている隣りでは、これから授業が始まるII部生がスタッフから受け取った飲み物をさっと飲み干して教室に向かいます。授業が始まる直前までカフェで粘って、開始5分前に慌てて走っていく生徒の姿もあります。ときには、授業に行きたくない理由をスタッフに話しているうちに、授業が始まってしまう生徒もいます。

カフェを利用する生徒には、まずカウンターの名簿に名前と部・学年・クラスを記入してもらいます。スタッフから「飲み物、何にする？」と声をかけられた生徒は、「ココアでお願いします」「今日はコーラにしようかな」とそれぞれ自分の好きな飲み物を選び、スタッフが名前を書いたカップに飲み物を注ぎ、手渡します。

お菓子はカントリーマアムやホームパイなど個装で定番のものをメインに、「おてらおやつクラブ★」やフードバンクからの寄付、見学者さんの差し入れで頂いたちょっと良いお菓子や珍しいお菓子も並びます。「食べたことがないから」と遠慮する生徒には、「せっかくだから試してみたら？」とスタッフが声をかけます。飲み物は炭酸や果汁ジュースの他、「カルピス」や「午後の紅茶」が人気です。

他の校内居場所カフェと同じくお菓子や飲み物は無料で、温かいスープやお味噌汁も提供しています。また、２０１７年からは企業や有志の料理研究家の協力で、ごはんとスープなどの軽食をその場で調理して無料で提供する取り組みが、食育の一環として始まりました。カフェを無料で運営するための資金は、民間の助成金に加えて高校のＰＴＡからもご支援いただいています。ＰＴＡの広報誌でもカフェの宣伝に協力してくださるなど応援してくれる保護者の支えによってカフェの運営は成り立っています。

〝1人1回1個〟の約束になっているお菓子を何度も取りにくる生徒には、「お昼ごはんは何を食べたの？」などと声をかけることもあります。中には、「朝から何も食べていない」という生徒や、飲み物は受け取らずにお菓子をポケットにしまって持ち帰る生徒もいて、カフェでのやり取りから生徒の生活状況を垣間見ることができます。

★おてらおやつクラブ
お寺にお供えされるさまざまな「おそなえ」を、仏さまからの「おさがり」として子どもをサポートする支援団体の協力のもと、経済的に困難な状況にあるご家庭へ「おすそわけ」する活動です。「ようこそカフェ」も支援団体のひとつとして地域のお寺からお菓子や食品を頂いています。

カウンターで受け取った飲み物やお菓子、軽食を片手に、スタッフや友達とおしゃべりしたり、カフェで出会った仲間とゲームをしたり、ひとりでぼーっとしたり、大学生スタッフと宿題をやったりと、カフェでの過ごし方は人それぞれです。1人でも入りやすいように、窓際にはカウンター席を設けています。生徒の輪の中に先生も交じり、ときには先生／生徒というお互いの役割をすこし横に置いておしゃべりしている姿も、カフェならではの光景です。

カウンターから遠く離れたテーブルを定位置にしているグループもいれば、スタッフが立つカウンターの近くに寄り集まってくる常連組もいて、自分にとって居心地の良い場所や人との距離感を、自分で選ぶことができるのもカフェの魅力の一つです。

また、飲み物の提供や終了後の片付けを積極的に手伝ってくれる生徒の姿からは、〈利用する側―運営する側〉の間で、そのときどきで「場」への関わり方を自分で選べる「選択肢」があることを生徒が求めているのを感じます。

他の校内居場所カフェと比べて、ようこそカフェの一番の特色は「フリースペース」という場所の設定です。校舎1階のフリースペースは、授業を受けるために教室に向かう生徒が必ず通る廊下に面したオープンスペースで、通りかかる生徒に自然とカフェの存在を知ってもらうことができます。教職員にとっても、通りすがりにカフェの様子を見ることができて、気になる生徒に気軽に声をかけられる場にもなっています。

また生徒にとっても、そこに誰がいるのか、どんな雰囲気なのか、といった様子を見ることができます。自分が行きたいときに行って、去りたいときに去ることができる自己選択が保障された空間であることも、フリースペースでカフェをオープンするメリットです。

もちろん、カフェが騒がしくて近づきたくない（近づけない）、人が多くて相談しづらい、という生徒の声も聞こえていて、誰にとっても居心地の良い／相談しやすい場づくりの難しさも感じます。もちろん、「自分には合わないと思うからカフェには行かない」という選択肢も自己決定の一つです。カフェに行く、スタッフと話をする、食べたことがないものを食べてみる、といった小さなチャレンジを自分で選べる場であることも校内居場所カフェの特色だと考えています。

生徒の反応――「カフェができて良かった」

オープンするまでは、「高校生が校内のカフェに来てくれるだろうか…」という心配もありましたが、事前に生徒向けのワークショップや教職員への説明など準備を重ねてきたこともあり、初回から200人以上の生徒が訪れました。オープンから2年が経った現在では、生徒にとって身近な「居場所」として定着しつつあるように感じます。

「カフェ形式の交流・相談の場づくり」という取り組みから〝支援っぽさ〟や〝押しつけがましさ〟を感じたとたん、生徒は離れていってしまうだろう、という不安を感じつつ、「あそこに行けば、なんだか楽しそう」と思ってもらえるような場づくりに力を入れてきました。また、カフェの曜日・時間も、全生徒が登校する予定の水曜日に、Ⅰ部の授業が終わる正午から、Ⅲ部の授業が始まる夕方17時半まで開くことで、できるだけ多くの生徒が参加できるように工夫しています。

カフェを始めたばかりの頃に感想を生徒に尋ねたら、「カフェができて良かった」「実家よりも安心する」「カフェは居心地が良い。家に帰りたくない」といった声が聞こえてきました。その言葉の通り、オープンからクローズまで長時間滞在する生徒や親しくなった大学生スタッフと話し込んでいる生徒の姿からは、彼らが「相談」の前に「居場所」や「交流」を求めているというニーズが見えてきました。

そして、こうしたカフェでの雑談の中で、「学校で話せる相手がいなくてつまらない」「家族と折り合いが悪くて、家に帰りたくない」「家事や家族の面倒を見るのが自分の役割で、家には落ち着ける場所がない」「早く家を出たい」「高校、やめようかな」「就職活動したいけど、誰に相談したらいいのか分からない」という、そのとき生徒が直面している悩みや課題が明かされることも少なくありません。

その中には、生徒自身では解決することが難しく、周囲のサポートが必要な場合もあります。養育環境に課題があり、家出状態で友人の家やネットカフェを転々としながら高校に通学していた生徒が、「今日、帰って休める場所がほしい」と相談に来たこともあります。経済的な事情とメンタルの課題を抱えた難しい状況で就職活動につまずいてしまい、「とにかく就職して働かないといけない」と考え、追いつめられている生徒にも出会いました。この生徒には、高校卒業後もサポートしてくれる支援機関や「居場所」として利用できる施設を紹介してつなぎ、時間をかけて進路や生き方を決めることができるよう卒業後も関わり続けています。

カフェを利用する生徒の反応や相談から、自分が通っている学校内などの身近な場所に、保護者や教員とは異なる第三者で安心して話せる相手がいるなど、いくつかの条件が整えば、多くの生徒は「誰かに話を聞いてもらいたい」という思いをもっていることが分かります。また、深刻な課題に直面している生徒にとっても、相談相手の顔が見えていることで相談へのハードルが下がることが感じられました。

カフェが閉店する時間になると、夕方からの授業やアルバイトに出かけていく生徒たちは「また来週～」と手をふって去っていきます。学校行事などで次週のカフェがお休みのときは、「え～！　そうなんだ…じゃあ、また再来週ね～」と名残惜しそうに帰っていく生徒もいます。いつもカフェで見かける生徒が、よくよく話を聞いてみるとカフェのない曜日の授業は休みがちだったということもありました。さまざまな理由で授業から足が遠のいている生徒にとって、カフェが学校に行く理由になっている場合もあります。また、カフェで把握した情報をもとに学校が家庭と連携を深めたことで、生徒が安心して生活できるようになっていったケースもあります。「（カフェがある）水曜日に保健室で過ごす生徒が減った」という養護の先生の話からも、カフェは学校の中で「居場所」を求めている生徒の受け皿になっているのを実感します。

運営を通して気づいたこと
──「話を聞いてほしい子がたくさんいる」

夕方7時半のカフェ閉店後には、毎回スタッフ全員で振り返りのミーティングを行います。気になった生徒の様子をスタッフの間で共有し、特に気になる／心配な生徒については、その日のうちにカフェ担当の先生と情報を共有します。ある日のミーティングで、あるスタッフがもらした、「とにかく話を聞いてほしい子がたくさんいる」という言葉には、スタッフ全員深く頷《うなず》くばかりでした。

3年・4年で卒業見込みの生徒は、「進学」・「就職」の進路をそれぞれ選択します。就職希望者は例年9月上旬の就職試験の応募開始に向けて夏休み前から就職活動のイロハを学び、夏休み中に行われる職場見学などに参加して、就職に向けた準備を進めていきます。一方で、卒業に必要な単位を取得できていない生徒は、「来卒」（来年度卒業）という第三のグループに分けられることになり、翌年度以降の卒業および進路決定を目指します。

カフェで生徒の話を聞いていると、出席日数や取得単位が足りず「もう来卒確定だ…」と落ち込んでいる3・4年生の声をよく耳にします。4年卒業が標準であっても、3年で卒業していく友達と比べて焦りや不安を感じるようです。また、1・2年生の頃は「卒業したら専門学校に行って保育士になりたい」と話し、学費を貯めるためのアルバイトと授業で忙しくしていた生徒が、進路の選択が現実となる3年生になって、経済的事情で進学をあきらめざるを得ないという状況に直面するケースにも、しばしば出会います。就職活動がスタートする9月以降は、「就職を目指しているけど、誰に相談したらいいのか分からない」「SNSで知り合った人の紹介で就職しようと思ってるんだけど…」「人と話すことが苦手。自分にできる仕事があるかな…」「本当は進学したいけどお金がない。とりあえずはアルバイトを続けようかな…」といった進路に関する悩みがポロポロと聞こえてきます。

そして、こうした進路の悩みを抱えている生徒と話していて感じるのは、「仕事」に対するイメージの乏しさであり、自分の将来に展望をもてないという感覚です。

それぞれの悩みや相談は、高校のカフェ担当教員を通して、担任やキャリアガイダンス部、生徒指導担当、養護教諭など校内の各セクターと情報を共有しながら、生徒にとって最善の進路さがしをサポートすることになります。しかし、そもそも「仕事」の選択肢が〝スーパーの品出し〟や〝飲食店のホール〟などアルバイト情報誌で目にする仕事以外には思いつかないという生徒も少なからずいます。生活保護世帯で、就職等のための世帯分離★（とそれにともなう保護費減額）を望まない家庭や、子どもが家事や介護、育児の主な担い手となっている家庭では、子どもが進学・就職することを望まないケースもあり、こうした家庭環境の不安定さや経済的な問題も、進路未決定での卒業が生じる要因になっていると感じます。

★生活保護と世帯分離
生活保護は「世帯単位」が原則です。「世帯分離」とは、生活保護を受けている親やきょうだいと同じ家に住みながら「生活保護の対象から外れる」ということです。世帯分離を受けた人を除いて、世帯の生活費を認定することになります。

また、生徒の口から中退の話が出ることも珍しくはありません。「もう学校やめようと思ってるんだ～」と、なにげなく話す生徒もいます。「生活のために夜遅くまでバイトしてて朝起きれないし、体力的にキツイ」という理由で退学を考えていたI部（午前）の1年生もいました。そこには、高校卒業後に就職するのも現在のアルバイトを続けるのも同じ、という感覚があり、将来の展望をもてないまま高校卒業を目指すことの難しさを感じます。

高校中退や進路未決定など課題を抱える高校生にとって、背景にある経済的事情や家庭環境にある課題への個別支援に加えて、「仕事」や「働くこと」のイメージを広げ、自分自身の将来を思い描けるようになるためは、多様な人との「つながり」と「体験」の機会を増やすことが必要だと感じています。

今後の展望――「つながり」と「体験」が生まれる場

横浜総合の校内居場所カフェ「ようこそカフェ」は、高校在学中の若者の高校卒業後の社会的自立に向けて、校内カフェを拠点に支援する取り組みとしてスタートしました。

はじまりは「交流相談の場」として、無料のカフェを通じて潜在的な要支援者と出会い、相談から必要な支援につなげることを目的としていましたが、実際にカフェで高校生と出会い、話を聞き、彼らの生活や日々考えていることに触れる中で、カフェが担う新たな役割や可能性も見えてきました。

キーワードは、「つながり」と「体験」です。

校内居場所カフェは、私たち青少年育成・若者支援に取り組む支援者が高校生と出会える場であると同時に、カフェという場所に企業や地域の団体、支援機関、若者支援に興味・関心をもつ市民に参加していただくことで、高校生と社会で活動するさまざまな人・団体・資源とが出会う「つながり」の場になる可能性をもっています。2017年には、地域のロータリークラブが社会奉仕活動の一環で、岩手県釜石市で被災した漁師を横浜に招いて交流会を開き、その後生徒が釜石に行って漁業就業体験をさせてもらいました。地域の方々の協力により、高校生がさまざまな人と出会い、つながりを実感する「体験」の機会がカフェを通して広がったのです。また、同じ年から月1回のペースでスタートした食育の取り組みは、企業や団体、市民有志から協力していただき、現在は毎週のカフェで温かい手づくりの軽食が提供できるようになっています。他にも、企業のCSR活動の一環で高校生向けの体験ワークショップが開かれるなど、カフェが高校生と社会をつなぐ接点として「つながり」と「体験」を生み出す場にもなりつつあります。

今後も、ようこそカフェが高校内の身近な「居場所」として、そして高校生と地域・社会をつなぐ場として継続していけるように取り組んでいきたいと考えています。

各地の校内居場所カフェ

さまざまな経緯やねらいで営まれている各地の校内居場所カフェ。
ここでは、札幌、静岡、川崎、大阪の４校を取り上げます。

ドーリプレイス

学校名：市立札幌大通高等学校（午前・午後・夜間の三部制、単位制定時制）
開催日：月1 〜 2回 12:00 〜 18:00
開催場所：市民開放スペース
生徒来店数：60 〜 80名／回
スタッフ数：5名（ボランティア3名）
主　催：公益財団法人さっぽろ青少年女性活動協会、市立札幌大通高等学校、市立札幌大通高等学校PTA

★開設の経緯とネーミングに込めた思い

困窮家庭の生徒が多く、また、学校内に居場所を見つけられない生徒が複数存在する状況を踏まえ、対策の必要性が学校運営協議会で話し合われた。学校（大通高校保健支援部、渉外調整会議）・PTA・活動協会の三者による試行実施を経て、2018年5月にスタートした。生徒に愛着をもって利用してもらえるよう、生徒から案を募って「名称決め選挙」を実施。大通高校サードプレイス、略して「ドーリプレイス」に決定した。

★カフェの特徴

学校・PTA・支援団体の三者協働スタイルで運営。また、キッチンカーやアルバイト相談会など、生徒のニーズをもとにコンテンツを充実させている。

★生徒対応で気をつけていること

生徒にとって「溜めの場」となるよう安心安全な居場所＋αを意識している。

★現状での手応えと課題

ドーリプレイスで信頼関係を構築した結果、公益財団法人さっぽろ青少年女性活動協会が運営するユースセンターへの来所につながるなど、生徒の活動の幅を拡げるきっかけにもなっている。一方で、学内でも孤立状態にあるなど、本当に居場所を必要としている生徒へつながっていくことが課題。

きゃりこみゅカフェ

学校名：静岡県立静岡中央高等学校（単位制による定時制課程）
開催日：隔週水曜 14:00 ～ 16:00
開催場所：学校の食堂
生徒来店数：平均100名／回
スタッフ数：1名（ボランティア5 ～ 7名）
主　催：特定非営利活動法人しずおか共育ネット

★開設の経緯とネーミングに込めた思い

進路や学校生活の悩みを日常的に相談できる居場所を高校内につくることで、高校卒業後の進路や就職につなげていけると考え、2017年9月から始めた。きゃりこみゅには、キャリアをコミュニティとコミュニケーションでつなぐという思いが込められている。

★カフェの特徴

学生団体や社会福祉法人等と協働し、ナナメの関係から高校生と年齢の近い大学生スタッフが運営に関わっている。夏祭りやハロウィーン・クリスマス会など季節ごとにイベントを行い、文化的な経験の機会を提供している。

★生徒対応で気をつけていること

高校生が思い思いの時間をリラックスして過ごせるような雰囲気づくりを行っている。1人で来店した生徒も安心・安全に過ごせるよう、大学生スタッフが気軽に声を掛け、きめ細かく対応している。

★現状での手応えと課題

毎回100名程度の高校生が来店、希望者には就職相談やインターンシップを実施し、高校卒業後の就職につながっている。課題は、予算確保と継続的な支援体制の構築をしていくこと。

World cafe ふらっと

学校名：神奈川県立川崎高等学校（全日制＆定時制）
開催日：毎週水曜 15:00 ～ 17:20
開催場所：多目的教室
生徒来店数：50 ～ 60名／回
スタッフ数：3名（ボランティア5名）
主　催：認定NPO法人 多文化共生教育ネットワークかながわ

★開設の経緯とネーミングに込めた思い

定時制にもともと外国につながる生徒の在籍が多かったが、2017年から全日制課程で在県外国人等特別募集が始まり、さらに増えた。そこで、一般生徒も含めた交流支援の場としてのカフェを2017年の10月からスタートした。カフェが日本人生徒と外国につながる生徒の交流の場になれば、との思いからネーミングした。

★カフェの特徴

スタッフのほか、慶應大学の学生が主として運営している。中国人生徒が多いので、中国からの留学生や定住する外国につながる大学生がボランティアスタッフとして参加している。

★生徒対応で気をつけていること

生徒が話をしやすいような環境づくりを心がけ、生徒の話をとにかくよく聞き、否定的なことは言わない。生徒の話によっては個人情報を聞いてしまう場合もあるので守秘義務を守る。生徒の悩みを聞いて、大学生ボランティアが1人で抱え込んでしまわないようにスタッフが配慮する。

★現状での手応えと課題

生徒はカフェの開催を楽しみにしていて、オープン前から並んで待っていたり、準備や片付けを手伝ってくれる生徒もいる。帰り際には「ありがとうございました」と笑顔で挨拶してくれる生徒も増えた。全日制の生徒と定時制の生徒の参加の割合が4対１くらいで、今後は定時制生徒の参加をもっと増やしていきたい。

わたしカフェ

学校名：大阪府立大正白稜高等学校（総合学科）
開催日：毎週月曜・水曜の昼休みと放課後
開催場所：相談室
生徒来店数：20～30名／回
スタッフ数：2～3名（ボランティア1～3名）
主　催：NPO法人 FAIRROAD

★開設の経緯とネーミングに込めた思い
カフェ開始は2015年。学校がある大正区のシンボル「渡し舟」と、1人ひとりが「わたしの居場所」だと思えるカフェになるようにの思いを掛け合わせて名づけた。

★カフェの特徴
月に一度の文化体験イベント実施のほか、美術室（本棚づくり）や図書室（全国図書週間中は図書室でカフェ開催）など、他教室や先生との協働イベントを定期的に開催している。

★生徒対応で気をつけていること
カフェに来室している生徒として束ねず、1人ひとりを感じられる時間や関わりを大切にしている。関わりの中で得た情報は必要に応じてカフェ終了後の振り返り（会議）で担当教員にお伝えする。“わたしカフェだから話せたこと”の見極めには特に気をつけている。

★現状での手応えと課題
小規模ながらも1年で1000人以上の来室がある。全校集会などでも挨拶の時間をいただき、年々1年生から利用する生徒が増えてきた。さまざまな悩みや問題を抱える生徒たちなど、業務の肥大化による学校の限界によって「仕方ない」とされている課題がいくつかあります。ただ居場所を開設・運営するではなく、今までのデータをもとに生徒とわたしカフェの接点を振り返るなど、学校と一緒に悩み考えるパートナーとしてできることを考えていきたい。

第2章

校内居場所カフェのつくり方

①まず何から始めたらいいでしょうか？　どうやって学校と関係をつくりますか？

すでに始めている校内居場所カフェに足を運んでみてください。わかりやすく形式知化されたフォーマルな仕事よりも、インフォーマルな暗黙知的業務（主に教員とのコミュニケーション）によりカフェが校内でバランスを取りながら運営していることがわかるでしょう。そこから何をするべきか考えてみてください。

高校内居場所カフェをつくるのは、学校との信頼関係を築いている個人なら可能だと思います。ただし、継続して運営していくための資金調達のためには法人格があったほうがよいと思います。また、寄付やボランティア等の応援は、個人よりも法人格があったほうが応援しやすいのではないでしょうか。（石井）

②高校内居場所カフェの開設はどのように高校の許可を得ていますか？

教育委員会等を通すことはなく、学校長から直接の許可を得て行っています。学校内で

★注
回答者の名前と所属は以下の通り。
石井正宏・小川杏子（パノラマ）
田中俊英（ドーナツトーク）
松田ユリ子（神奈川県立田奈高校）

は職員会議等の手続きを経ています。パノラマは学校と代表者名での協定書を交わしており、個人情報に関する取り決めや、問題発生時の対処等について確認しています。（石井）

大阪府の委託事業の現状においては（2017年度より教育庁所轄）、行政サイドによって事前に調整いただいています。ただ、2012年度後半より開始した、委託事業の前の段階の居場所カフェ（一番はじめの西成高校「となりカフェ」）においては、「許可」というよりは「依頼」いただいた、というのが現実に近かったように思います。また、カフェ運営側のＮＰＯ（田中が当時代表を務めていた「淡路プラッツ」★）も、当初は別の通信制高校（私立）を予定していたのですが、校長先生が交代されてカフェ開設がストップして困っていました。そこに名乗りをあげていただいたのが西成高校であり、実は西成高校内でも「外部機関を誘致しよう」という議論が校内で長年議論されていたようです。居場所カフェ可能な高校を探すＮＰＯ、外部機関の力の可能性を模索していた高校、この両者が偶然にめぐりあって生まれたのが、はじめての高校内居場所カフェである「となりカフェ」だったのです。（田中）

★淡路プラッツ
1991年創設。2002年NPO法人取得。全国的にみても、不登校・ひきこもり支援施設としては最長のひとつ。大阪市東淀川区。

③開設する高校や校内での場所はどのように選んでいますか？

（大規模カフェ）

私たちは偶然の出会いや縁をきっかけに2校の高校でカフェを行っていますが、やはり学校側の困り感が背景にあったからカフェが開始できたと思います。よって、必然的に普通科学力下位校や定時制、単位制、通信制高校等にニーズがあると思います。しかし、カフェのニーズは進学校や中堅校など、どのような学力の生徒たちにもあると思います。学校の中で、1人でも多くの生徒たちと顔の見える関係になれるかを考えた場合、広いラウンジやピロティー、図書館などがよいと思います。この〝広さ〟には紛れられる効果もあり、多様な生徒が混在可能な一定程度のスペースが必要だと思います。（石井）

（小規模カフェ）

カフェ内の設備（コーヒーメーカーや食器、オーディオ類や壁に貼るポスターや生徒制作のアート作品など）を常設しておきたいため、高校内で使われていない部屋がないか、校長先生にまずは聞いてみることにしています。たいていは「相談室」等の名目で実態は物置部屋になっている場所があり、そこを提供していただくことにしてます。また、ドーナツトークではどちらかというと貧困支援を中心とするソーシャルワークにも力を入れており、そうなると、生徒の日常を身近で観察することのできる「小規模型カフェ」のほうが都合がいいのですね。「相談室」的小部屋が、ソーシャルワークには適していると考えます。（田中）

④高校の先生がカフェをやりたいと思ったときに、どうやって連携先を探したらいいでしょうか？

もし地域に居場所カフェを運営している団体があったら、まずはその団体に相談してみるのがよいと思います。すでに実施している団体には、カフェを開始したいＮＰＯ等からの相談を受けている可能性があります。また、大きな委託事業を受託している団体には、受託事業の仕様書の解釈や支援機関のミッションとして、居場所カフェに正当な実施理由があれば、予算を捻出することも可能だったりします。予算の確保が難しい場合、資金調達をＮＰＯ等に丸投げせず、さまざまな交渉やクラウドファンディングへの応援等、「一緒にやっている感」を大切にしていただきたいと思います。（石井）

⑤どのようなものの準備が必要でしょうか？

ドリンクとおやつ（カフェによっては軽食を提供しているところもあります）が生徒がのんびりリラックスして過ごすために必要となります。これは、学校でありながらサードプレイス的な雰囲気を出すツールでもあります。お菓子もジュースも普通に売っているものをいろいろ出し、生徒たちに人気のあるものが定番メニューになっていくと思います。また、生徒からのリクエストもあります。ときどき、いつも買わないものを混ぜながら、飽きないように工夫しています。

また、パノラマの運営するカフェではカップやカップに名前を書くマジックを用意しています。カップに名前を書いてもらい、カウンターでカップにジュースを注ぎ、名前を呼んで渡すことが、生徒とのコミュニケーションのきっかけとなります。おやつもできるだけ小分けにお皿に並べて置き、カウンターに取りに来ることで大人と会話するきっかけづくりをしています。

また、1人でも過ごせるように本を置いたり、ボードゲームを置いて生徒同士、あるいは大人と生徒が交流するきっかけづくりをしています。ただ会話をするよりも、ゲームがあることで生まれる会話や交流もあります。大人も一緒に入りゲームをすることで、学年を超えたつながりが生まれたり、大人が本気でゲームをして生徒と向き合う中で信頼関係

パノラマ校内居場所カフェ備品

（※新たにカフェを開設する際にも活用できるチェックリスト）

カフェ必要備品

	備品名	備　考	パノラマ	学校備品
□	冷蔵庫（中型）	文化祭用で、使っていないもの		●
□	やかん（大型）	これらは電気ポットを導入すれば不要になる		●
□	ガスコンロ			●
□	ポット（3台）			●
□	ロッカー	備品収納用	●	
□	ゴミ箱	複数個（段ボール箱でOK）		●
□	スピーカー	アンプ内蔵型		●
□	コーヒーメーカー		●	
□	テーブルクロス		●	
□	メニューボード	店内用、店外用２個あるとよい	●	
□	スプーン等		●	

カフェ消耗品（飲食）

	備品名	備　考	パノラマ	学校備品
□	コーラ		●	
□	ファンタグレープ		●	
□	午後の紅茶ミルクティー		●	
□	なっちゃん		●	
□	オランジーナ		●	
□	お茶		●	
□	お味噌汁			

カフェ消耗品（備品）

	備品名	備　考	パノラマ	学校備品
□	紙コップ（205ml）		●	
□	プラスティックコップ（215ml）		●	
□	ミニ丼ぶり（280ml）		●	
□	割り箸		●	
□	ゴミ袋			●
□	名札		●	
□	色紙		●	
□	油性ペン		●	
□	ティッシュペーパー	トイレットペーパーでも可	●	
□				
□				
□				

も生まれたりします。

文化的資本のシェアはカフェの一つの目的です。スピーカーを用意し、大人がいろいろな音楽を流すと同時に、生徒たちが自由に音楽を流せるようにしています。

その他にも備品リストに掲載したようなものを準備しています。学校にあるものは活用させていただいています。いずれも絶対に必要というわけではなく、その学校やカフェの規模に合わせて組み合わせ、その場や生徒たちの様子を見ながら、話をしながらアレンジしていくことで居心地の良い場ができていくと感じます。（小川）

■運営の仕方

⑥開催頻度は？

カフェによって異なりますが、パノラマでは夏休み等長期休暇中以外の時期に週に1回運営をしています。週に2回以上開催すると、生徒の変化や反対に変化しないこと（洋服を変えていない等）に気付くこともあり、サポートにつながることも実際にあります。年度末は学校の行事とかぶり開催しないこともあり、年間35回前後開催しています。（小川）

⑦参加料金は？

カフェを開催している学校に在籍する生徒、卒業した生徒、中退した生徒★が無料で利用することができます。「いつでも誰でも来られる」ということを大事にしており、生徒から料金を取ることはありません。パノラマではおやつや消耗品はご寄付を募るとともに、「大人貯金箱」がカウンターに置いてあり、視察に来た方が寄付をくださることがあります。（小川）

★中退した生徒
在籍中の生徒とトラブルがあり辞めた生徒等、中退のあり方によっては同学年の生徒が卒業後にカフェに来てもらうなど、学校と話をしながら来店してもらっています。

⑧ドリンクや食べ物はどのようなものを提供していますか？

ドリンクはジュースや炭酸飲料水、お茶を提供しています。冬などは温かい飲み物も人気でココアやミルクティー、梅昆布茶などを用意しています。特別なのが豆から挽くコーヒーで、コーヒー豆やコーヒーミルを用意して、生徒たちに自分で挽いてもらっています。

食べ物は学校によって異なりますが、基本的にはおやつを提供しています。おやつはスーパーで買う駄菓子やスナック菓子が基本ですが、特定非営利活動法人お寺の未来が行う「おてらおやつクラブ」から寄付をいただく季節のおやつも提供しています。また、カフェによっては、簡単な軽食（お味噌汁やスープ）を提供したり、ボランティアさんや協力団体の方がつくるおやつ等を出すこともあります。

コーヒー豆を挽いたり、食べたことのないおやつやスープを飲むことも文化的な経験であり、「あ、これ、こんな味なんだ」「自分はこれ、好きだな（嫌いだな）」と体験をすることを大事にしています。ボランティアさんが冷製スープをつくってきてくれた際には、「温かいのがいい」と初めての経験にとまどいもあったようです。（小川）

⑨イベントを開催する場合どのように調整していますか？

イベント開催予定の1ヶ月ほど前に担当の先生と相談をし、学校内での調整をしていただきます。調理室を使うイベントの場合は会場の調整を、浴衣を着る等普段の学校生活と異なる服装となる場合には職員会議で相談していただいています。（小川）

⑩アレルギー対策の方法は？

基本的には生徒自身に確認をしてもらっています。ボランティアさんが持参されるおやつなどについてはアレルゲン情報を書いてもらうこともあります。（小川）

⑪どのように生徒・先生に知ってもらっていますか？

学校の中には好意的な一部の教員と、あまり面白く思っていない一部の教員、そして大多数の無関心な教員というのが一般的な学校の様子だと思います。好意的な教員に迎え入れられた後に、どう無関心な層に事業の価値をアピールできるかが大事なことだと思います。アピールできることは教員が知り得ない生徒情報の共有と課題解決に導くコンサルテーション、そしてソーシャルワークによる課題の解決に尽きると思います。このようなことを事業報告会を開いてもらったり、プリントした資料を配付してもらうことや、担当教諭や担任からの口コミで評価が広がっていきます。また、新聞掲載記事など何らかの権威づけされたものが信用を与え、ケース会議への参加につながったというカフェもあります。好意的な教員が異動し、校内のカフェ熱が冷めるということもありますので、新着人教員へのレクチャーや、職員研修の講師等を務めることで、社会的な存在意義を毎年アピールしていくのがよいと思います。生徒同士のＳＮＳ等による口コミと、担任からホームルームで開催していることを伝達してもらえることが大きいと思います（言わないと開催

に気づかずに帰る生徒もいる）。（石井）

広報ツールとしては、チラシを作成して、先生方に配付していただきます。また、カフェ当日、小さなホワイトボードにチラシを貼ったりして、高校の建物入り口や階段を上がったところに設置しています★。校内新聞等にも寄稿することがあります。直接の言葉がけとしては、学期の始まりの始業式等でスタッフが直接生徒のみなさんに語りかけることもあります。また、担当の教員の方が、居場所カフェに行ってほしい生徒に直接声がけしていただくこともあります。（田中）

⑫どのような生徒が利用しているのでしょうか？

ぴっかりカフェには多様な生徒が来ています。そもそも来店延べ人数が平均で１６０人程度、最大で３００人を超えていて、在校生（定員７２０人）の２〜４割が足を運ぶポピュラーな場なのです。

特に昼休みは、フリーのドリンクやお菓子、何よりお味噌汁、そして、ときにボランティアさん手づくりのスープやお菓子があるということで、お腹を空かせた生徒がランチを楽しむため、また限定の食べ物をゲットするために押し寄せるイメージです。放課後は、

★西成高校「モーニングとなりカフェ」の校舎外看板

大人と話したりゲームをしたりゆっくり交流したい生徒や、放課後ならではのまったりしたカフェの雰囲気が気に入っている生徒がやってきます。浴衣パーティなどのイベントも放課後に行われるので、イベント目当ての生徒が集まるのもこの時間です。そして、普段から図書館に来ている生徒は、当然カフェも楽しみに来ています。

ぴっかりカフェを「相談の場」と考えてそのために来ている生徒はほとんどいないと思います。ただ、イライラすることがあったり、何となく不安な気持ちがあって、自分が気に入っている大人に話を聞いてもらうことで、癒されに来ている生徒はとても多いように見えます。（松田）

ドーナツトークの居場所カフェに来る生徒は、比較的おとなしい生徒が多いと思います。ただし不登校にはなっておらず、教師からすると「クラスで孤立していて気になるけれども、個人対応するまでの時間も取りにくい」生徒たちのようです。そうした生徒たちが居場所カフェで時間をかけて友人をつくっていくようです。また、生活の背景に、広い意味での虐待被害（心理的虐待とネグレクト）があったり、軽度の知的障害をもっている生徒も含まれます。それらを背景にして、生徒たちは「孤独」に追いこまれており、その寂寥《せきりょう》感を居場所カフェのスタッフに話すことで気持ちを軽くするようです。（田中）

⑬生徒にカフェに来てもらうための工夫はありますか？

学期の始まりの、始業式での挨拶は意外と重要と捉えています。全校生徒の前で居場所カフェの紹介をするのですが、あまり気負わず、等身大のスタッフの姿を見てもらいたいと思っています。学校の先生ではない、やさしそうなお姉さんお兄さんが、のんびりとやっている居場所、ぶらっと覗いてもらえるような居場所像を伝えています。ただしそのスタッフは、「少し変な大人」でもあることを伝えることができれば、とも考えます。常識的な価値観を少し超えた、ある種「脱臼」するようなコメントと佇《たたず》まいを表現できるスタッフが全校生徒の前で語りかける、そのコメントと佇まいに、「サードプレイス」を感じてもらえるよう、言葉や仕草を工夫します。（田中）

新入生のオリエンテーションでカフェを紹介する時間をいただいています。学校により、学年全体に向けての場合もありますし、クラス単位で行える場合もあり、後者の場合、簡単なワークショップを行ったりすることもあります。また、カフェスタッフの顔を知ってもらう工夫として、入学式直後のデイキャンプに同行させていただくことで、関係をつくることもできますし、文化祭で弾き語りのライブに出演する等、露出機会をどうつくれるかはいつも工夫しています。個別相談が出会いのキッカケとなり、カフェに定着するケースも見られます。お菓子やジュースで小腹を満たす場所から、スタッフとの雑談で心が満たされる場に変化することが重要で、そのツールとしてボードゲームやウクレレなどを置いています。（石井）

⑭どのような流れで運営をしていますか？（ボランティア打ち合わせ〜振り返りまで）

カフェ開始前に、その日の食べ物や飲み物を準備します。クッキーを並べ、トーストやゆで卵（これは「モーニング」の日）をつくり、おにぎりのためのお米を炊飯器にセットします（これは昼休み「おにぎり」サービスの日）。また音楽をかけ、空調を整えます。こうした準備をするあいだに、その日やってきそうな生徒たちのことを話し合い、予想できる言葉かけについて相談します。昼休みと放課後、それぞれカフェ時間が終わったあと、20〜30分ほど振り返ります。生徒から出てきた情報交換や、生徒の言葉や服装で気づいたことなどをスタッフ間で共有します。（田中）

スタッフは少し早めに会場に行き、その週の寄付物の確認をしたりと細々した作業を済ませています。カフェ開始30分前にはボランティアさんに集合していただき、カウンターをつくったりコップやおやつを並べたり、ゴミ箱を設置したり等の準備をします。ボランティアさん同士の自己紹介やその日の運営について簡単な打ち合わせを開始前に行い、初めてのボランティアさんも様子が分かるようにしています。何かあれば、そのつどスタッフが対応していますが、終了後に30分ほど担当の先生を交えての振り返りを行い、その日あった出来事などを共有しています。卒業生のボランティアについては、在校生の個人情報が出る場合もあるため振り返りは出席しないで、片付けをしながら簡単に感想等を共有して終わりにしてもらっています。（小川）

⑮カフェのルールはありますか？　困ったことはありますか？

「居場所」＝フリースペースであるため、「他の人の自由は邪魔をしない」という大きなルール以外については、基本的に細かなルールはつくっていません。ただし、カフェの中で食べて外には持ち出さないという点や授業に間に合うように行くために予鈴が鳴ったらお湯を使った温かいものの提供をやめる等、学校生活との齟齬《そご》が大きくできないような環境づくりはしています。大きなトラブルは基本的には起こりませんが、ボランティアさんを含め、「指導ではなく支援で」ということをお願いしており、困ったなと思ったときにはどうしてそ

パノラマの高校内居場所カフェの運営

開店30分前	ボランティアさん集合…名札作成 ・レイアウトの変更 ・コップ、おやつ等の準備 ・お湯の準備 ・ゴミ箱の準備 ボランティアさん自己紹介＆打ち合わせ
開　店	（途中で授業をはさむ場合には、授業の時間中は閉店し、お昼休憩としています）
閉店後	片付け ・食器洗い ・ゴミ捨て 振り返り

うしているのか？　というところにも目を向けて声かけをお願いしています。（小川）

■高校との連携

⑯管理職との会議のもち方

高校にもよりますが、たいていは「重層的」に会議は設定されています。それは、以下のようなものです。

- 校長や教頭との月一回の打ち合わせ。これはカフェについて総合的俯瞰《ふかん》的に話します。
- カフェ担当者との毎回の振り返り。これは、カフェ終了後に、スタッフ間で気づいた点などをシェアします。
- 高校内のフォーマルな会議への出席。例えば「生徒支援委員会」等、高校によってそれぞれ設定されている生徒情報交換会議に出席します。
- インフォーマルな場として、教員との食事会などもあります。（田中）

管理職との定期的な会議は行っておらず、ケースの発生ベースで適宜行っているのが現状です。フォーマルな会議よりも、むしろインフォーマルな立ち話での情報交換を密に取ることのほうが、活動を円滑にするように感じています。そのために、管理職の方々がカフェに顔を出してくれる回数をどう増やせるか、その際に、カフェで起きている支援者には大事なことだが、教師にはあまり大事なことではなさそうなことなど、専門性の違いに気づける話題をするようにしています。日頃のコミュニケーションが大切だということです。会議を行う際には、責任の所在や、イニシアチブを誰がもつべきかを明確にしつつ、最終的に誰が生徒にアプローチすることが効果的かを話し合うとともに、仮に中退ケースになった場合に、NPOとして可能な支援について確認しています。（石井）

⑰振り返りのもち方

毎回20~30分程度、担当教諭を交えて振り返りを行っています。パノラマのカフェには多くのボランティアさんが参加しているため、新人ボランティアさんからは感想を、ベテランからは生徒と話した内容で学校と共有しておくべき事項や、人間関係の変化について忌憚《きたん》なく共有してもらっています。ボランティアさんにはここで知ったことを抱えこまずに気になったことはすべて出してもらうということを大切にしています。内容によっては全員のいる場ではなく、スタッフのみに個別に話をしてもらうこともあります。

その後、学年でも見守っている内容なのか、担任も知らない内容なのかを担当教諭が吟味し、相談に入ってもらうか検討します。生徒には、先生と共有するべき内容であることを理解してもらい許可を得ますが、大抵の生徒はＯＫしてくれます。担任には言ってほしくないが「○○先生にならいい」などということもあります。（石井・小川）

毎回のカフェ終了後に、高校に伝えておいたほうがいい情報を、担当教諭にお伝えします。ただし、生徒との間でカフェスタッフにだけ打ち明けてもらった情報については、スタッフの判断で秘密にする場合もあります。それは通常のカウンセリング支援と同じで、ドーナツトークの場合は、基本的にはスタッフ判断に任せます。（田中）

⑱先生とのコミュニケーションはどのようにとっていますか？

忙しい先生とコミュニケーションを取る時間はなかなかもてないのが実際です。オフィシャルな情報共有の場だけではなく、廊下ですれ違った際のちょっとした立ち話の積み重ねが、支援の質を高めると感じています。また、ひきこもってからの支援の大変さを知らない先生は、カフェが卒後の社会的孤立を予防した支援であることをイメージしにくいと思いますので、ひきこもり支援からの逆算という形での提案を心がけることで、先生方の中でもカフェの社会的意義が育まれるのではないかと思います。（石井）

⑲資金調達・寄付集めの方法は？

さまざまな民間や行政の助成金に応募しています。獲得額は毎年違いますので、少ないときにはおやつや消耗品の寄付をＳＮＳを通じて多く募ったり、フードバンクに頼ったりしています。おやつや消耗品の寄付はAmazonのウィッシュリストを使ってこちらのニーズに合ったものがいただけるような工夫をしています。ただし、安定した財源がないことが課題になっています。（石井）

大阪の場合、行政の委託事業が中心なので、大阪府のプロポーザルに積極的に参加し、企画書を書き、プレゼンで説明します。それを補足するためのものとして、クラウドファンディングがあり、20万円程度の規模ですが、インターネットでのクラウドファンディングにこれまで二度挑戦しました。

いずれもだいたいの目標金額に到達し、主として毎月の材料費にあてています。（田中）

⑳ブランディングのこつは？

カフェのブランディングは主にFacebookを使い「業務日報」というコンテンツにすることで行っています。支援の基本コンセプトを明確にしつつ（ぴっかりカフェなら「文化資本のシェア」など）、そのコンセプトを果たすための手法の具体例をカフェの日常から切り抜いて伝えることで、法人の生徒に対するスタンスや、社会課題に対する向き合い方、構えが伝わっていくと思います。これらを発信する際の言葉遣いや眼《まな》ざしの角度、政治的批判性のさじ加減等のイデオロギーの出し方などがブランディングそのものであると思いますが、何よりも代表者がどのように活動に向き合い発信しているかが最も大切なファクターであることは言うまでもありません。（石井）

まずは「ネーミング」です。ドーナツトークの居場所カフェは、「ひらがな」＋カタカナで「カフェ」で統一しています。たとえば、となりカフェ、なかカフェ、なぎさカフェ、ほとりカフェ、わたしカフェ等です。イメージとしては、社会の中心（家庭や職場や学校）の「となり」や「ほとり」や「なぎさ」にある、三つめの場所（サードプレイス）がイメージできるようなネーミングを意識しています。また、完ぺきに行うのは予算的になかなか難しいのですが、例えば「アメリカ西部の田舎町にあるカフェのような雰囲気」であるとか「ドイツの質実剛健な感じ」等も言葉にしてそれぞれのカフェを位置づけ、それに見合うような色使い（テーマカラー）にしていきます。また、ブログ記事（たとえば、田中が書いているYahoo!ニュース等）にときおり居場所カフェのことを登場させ、社会的に必要なリソースであることを訴えます。そして、毎年のフォーラム等でこの取り組みを積極的に訴えることで、ブランド力をさらに強くしていきます。（田中）

㉑ボランティアさんの募集方法を教えてください。また、どんな人が向いているんでしょう？

カフェによってボランティアの募集の有無、募集人数、方法は異なります。パノラマでは一つのカフェで年間延べ約240名のボランティアさんがカフェに来てくれています。カフェのコンセプトの一つが「多様なロールモデルに出会うこと」。職業や経歴、年齢もさまざまな大人が来ます。パノラマの場合は、80～150人生徒が来るので、6～8人程度のボランティアがいてもらいたいです。また、レギュラーで来ているボランティアがいるかいないかも大きいです。初めての方が8人だと、指示を出すのに手いっぱいになり、カフェを回すのは大変です。ソーシャルワークが可能なスタッフがジュース提供で手いっぱいにならない人数ということが大事だと思います。

ただし、高校内居場所カフェに来てもらうのは誰でもいいというわけではありません。生徒が安心して安全に自由に過ごせる場となるように、そして学校にとっても安心な場であるように、パノラマではボランティア養成講座を行い、事前にスタッフがボランティアに参加したい人に直接会いどのような人か確認するとともに、ボランティアさんにお願いしたいことを伝えています。例えば個人情報の扱い方や相談を受けた際の声のかけ方についてです。

ボランティア養成講座の情報は、基本的にホームページやSNSに掲載します。また、地域の社会福祉協議会等にお知らせをすることもあります。

カフェのボランティアさんに向いているのは「教えたがらない、関わりたがらない、知りたがらない」人です。居場所は強制的に何かに参加させられたり、価値観を押しつけられたりしない、他人のペースに合わせなくてもいい場所です。放っておいてほしい生徒、自分のことを話したくない生徒がいます。そのため、ボランティアさんには肉食系ではなく、草食系の関わり方をお願いしています。そして、お手本のようないつも正解をもった大人としているのではなく、1人の見本としての大人としていてもらうことをお願いしています。ときには生徒に教わったり、助けられたり、役割が入れ替わることで大人—生徒の関係を超えた居心地の良い空間が生まれます。

多様な大人には来ていただきたいのですが、そこにはリスクも伴います。生徒に安心できる場所を提供するために、パノラマではボランティア養成講座後に、ボランティアへの

参加をお断りすることもあります。また、参加する前に、誓約書に署名をいただいています。（小川）

㉒ネットワークの築き方は？

特に地元のイベント等に顔を出し、5分でも活動紹介させてもらうなど顔の見える関係になることが大事だと思います。その際に、普段のSNSでの情報発信やマスコミ情報が先に届いていると関係構築はスムーズですし、活動紹介の機会も増えると思います。また、カフェ同士のネットワークについては視察受け入れをきっかけに、「分からないことはなんでも教えてあげる」というスタンスを貫くことで、構築されていくように思います。神奈川では、共通した資金調達がなく、音頭をとる行政もいないため、かながわ生徒・若者支援センター（Skets）が主催し、カフェ・マスターが一堂に会す「カフェ・サミット」や、その後の情報交換会である「ネットワーク会議」を開き、横のつながりを絶やさないようにしています。（石井）

大阪では教育庁管轄ですので、行政主催の居場所カフェ会議に出席することで、自然とNPO同士のネットワークを形成することができます。また、「高校生サバイバー」★という独自イベントを毎年秋に開催しており、2018年で5回めとなることも大きいと思います。このフォーラムを準備することで、自ずとネットワークが形成されます。また、田中と、NPOパノラマ代表の石井さんとの長年にわたる（お互い前職より知り合い）個人的交流も大きいですね。主として「ひきこもり」支援をお互いやってきて、その結果、ひきこもりに至る前の「高校生支援」に2人がそれぞれ独自に思い至ったという経緯も、我々のネットワークを強いものにしていると感じています。これは、神奈川や札幌の他のNPOの方々とも同じで、長年のひきこもりや不登校支援を通して、結局「高校中退予防が大事だ」とそれぞれが結論づけている実感は強いと思います。（田中）

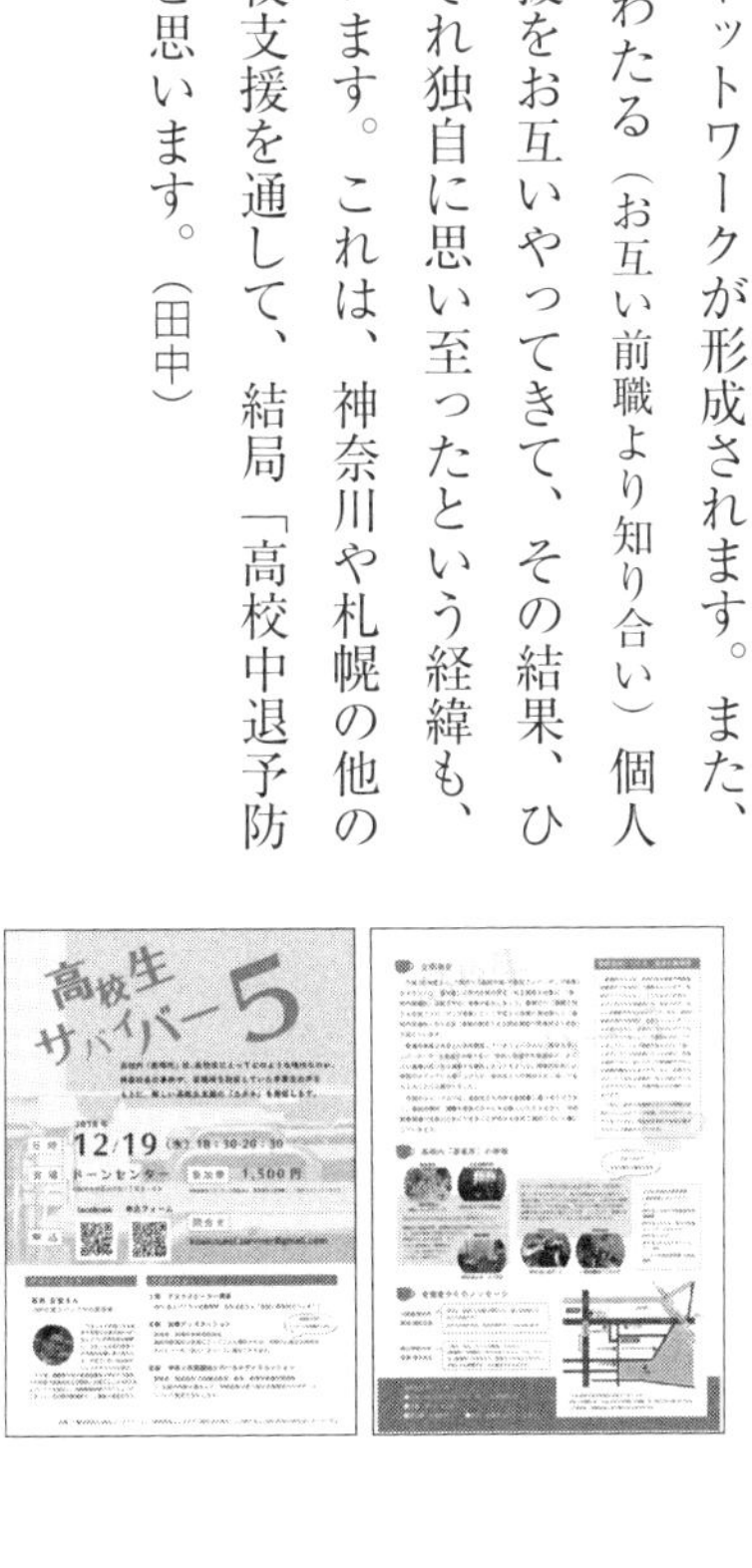

★2018年12月に開催の高校生サバイバー5のチラシ

コラム：生徒たちの声

「カフェはみんなが自由に過ごしていい場所」「イライラしてても、笑ってても泣いていても、そのままいていい場所なのだよ」ということをパノラマの運営するカフェのオリエンテーションでは生徒たちに伝えています。
時には生徒たちの発案からイベントが生まれたり、ボランティアさんが少なくて生徒たちが一緒にジュースをつぐ役割を果たしてくれたり、毎回片付けを手伝ってくれる生徒がいたり。
高校内居場所カフェは、生徒たちと一緒に作り上げてきた空間でもあります。
この本ではカフェを作ってきたさまざまな大人たちの声が取り上げられていますが、生徒たちにとってはどんな場所なのか。ここではカフェのノートやアンケートに書かれた声から生徒たちの声を紹介します。

いつもおいしい
お菓子・ケーキ・
飲み物ありがとう
ございます！

カフェの全部が
好きです。

もっともっとオシャレだとCUTE♡
かもッ よくYED
来るよXD

ボランティアさん
がいい人

色んな人と話せる。
大人からたくさん
のことをおそわる。

みんなやさしい
ところが好き～！

毎週利用して
います！！

絵を描きながら
年上の人と
話ができる。

ふだん話す
ことのない人と
仲良くなれる。

落ち着いて
過ごせる。

カフェ最高！！
卒業しても遊びに
来るね♡

３年間ありがとう。
歌ったり色々話が
できて、高校生活
が楽しくなったよ。

卒業しても
忘れないでね。
大人たちLOVE♡

第3章

居場所カフェの可能性と続け方

カフェはなぜ始まったのか？

中野和巳（前・神奈川県立田奈高等学校校長）

日本の学校は居場所的機能が貧弱

「滝桜」で有名な福島県三春町の沢石中学校（1991年竣工、2013年度から沢石小学校が使用）を90年代の半ばに教育使節団の一員として訪問したときの驚きを今も鮮明に覚えています。全国的に「荒れる中学校」が話題になっていましたが、三春町も例外ではなく、この状況を改善すべく町をあげて学校改革に取り組み、「三春の教育改革」として名を馳《は》せていました。沢石中学校は生徒視点で建築された校舎で、学校の中心にガラス張りの図書館、ホームルーム教室のない教科教室方式、生徒の居場所の整備、外部の利用も可能な別棟の瀟洒《しょうしゃ》の食堂や講堂にもなっている体育館など、兵舎型の学校しか体験したことのない身には大きな衝撃でした。

日本の学校は、歴史的にみて生徒の居場所としての機能が貧弱です。経済的理由が大きいといえますが、生徒の生活空間、居場所的な機能はあまり配慮されていません。学習も、食事も、更衣も、遊びも一つの部屋で行うという、誠に「機能的な」つくりになっており、日中の大部分の時間を過ごす場所として最低限の機能しか有していません。

戦後日本を訪れたOECD教育使節団が一番驚いたのは、日本の学校の教科外活動の多様さと質の高さだったと聞いたことがあります。まさに四季折々に合わせた学校行事の多様さは教職員の奮闘によって支えられ、学校のハード面での貧弱さをカバーして余りある面があったといえます。

学校改革前史

教員になって二校目に赴任した田奈高校も、教室以外の施設設備は貧弱で兵舎型校舎の典型のような学校でした。神奈川県は中学卒業者急増に対応すべく、長洲革新県政の下で「百校計画」と呼ばれる県立高校新設計画を遂行しました。当時の厳しい県財政の下でこの計画をやり遂げたことは特筆に値しますが、結果として「容《い》れもの」として最低限の施設設備しか有しない高校を大量に生み出すことになりました。当時の田奈高校も「荒野の一軒家」的な立地にもかかわらず敷地面積はワースト10に入るほど狭い学校で、ここに一筋縄ではいかない猛者連中が集まって「ワンダーランド化」した、１５００人を超える大規模校でした。

そもそも学習意欲の高くない生徒を相手に大学受験準備的カリキュラムを組んでいること自体が、大きなミスマッチであることはほとんどの教員の共通認識でしたが、このシステムを変革しようと考える教員は少なかったといえます。しかし、生徒の学校離れ、学びからの逃走という事態に直面していた教職員の中から次第に学校改革の機運が強まり、多忙でストレスフルな状況の中で改革を推進する組織をつくることになりました。こうして生まれたのが「学校改革推進委員会」です。全教職員の信任を受けたメンバーが最初に手をつけたのが、生徒の居住空間、居場所の整備でした。生徒実態に合ったカリキュラム改革を同時並行的に進めながら目に見える成果を求めたといえます。

まず、「開かずの間」なっていた生徒昇降口前の女子更衣室を全面ガラス張りの明るいランチルームに、生徒昇降口は背の高い下駄箱を一掃して見渡しの利くものにすることを計画しました。デザインも教員発案のものとし、生徒が毎日利用する玄関を明るい快適な空間にすることを目指しました。工費は教職員組合を通じて直接県の関係部署に訴え、「空き教室の有効利用」という名目で獲得しました。この他に、空き教室を利用した小集団教室やオープンルームの整備、トイレや廊下のペンキ塗り、制服の一新など、生徒たちからみても分かりやすい変化を追求しました。ほとんどの作業を教職員の協働の下に行うことができたことが職場の雰囲気づくりや一体感の醸成に大きな効果があったといえます。

中でも最も力を入れたのは、生徒の「昼食問題」の解決でした。学食など望むべくもないのですが、弁当をもってこない、こられない生徒たちが学外の店に授業を抜け出して「買い出し」に行く、というのが大きな問題となっていました。ついでに喫煙など問題行動まで引き起こして地域住民からの苦情も絶えませんでした。生徒の生活上の課題解決のために校内で弁当等を販売できる方法を模索し、生徒のお気に入りの店と直接交渉して「注文弁当制」の導入にこぎつけました。学校外へ向かう生徒の流れを校内に留めておけるような環境整備に力を入れたといえます。「学校づくりは楽しい」を合言葉に「楽しい学校」づくりを目指した取り組みでした。

二度目の着任と生徒状況の変化

12年間勤務した田奈高校に再び戻ってくるとは想像だにしていませんでしたが、7年のときを経て県の新しい学校づくり（クリエイティブスクール）に管理職として参画することになりました。結果的には定年までと再任用の2年間を含めて9年間新しい学校づくりに挑戦することになります。

着任してまず感じたのは職員室に漂っている疲労感です。90年代半ばから生徒実態に合ったカリキュラム改革や生徒指導の転換、生徒の居場所づくりなどに取り組んでいましたが、中心メンバーの異動等によって学校づくりの楽しさは薄れ、生徒の課題の重さに耐えかねている様子でした。

私は、「ゴムボール理論」なるものを学校づくりのイメージとしてよく例に出します。ゴムボールに張力（教職員の活力等）があるときは大きな課題や困難にも耐えることができますが、張力が弱るとバランスが悪くなり、弱い部分に荷重がかかって最悪の場合には破裂することがあります。破裂するとは学級崩壊や学校崩壊的な現象を指すのですが、このときの田奈高校は張力が弱りバランスを欠く状況に陥っていました。

そして、明らかに生徒の実態も変化していました。一例をあげれば、家庭の経済状況の変化です。バブル崩壊以後の日本社会が長い停滞期に入り、経済成長が鈍ってきたことが家庭経済を直撃していました。分厚い中間層と呼ばれていた部分が溶解し、貧困世帯が増加していることはさまざまなデータでも明らかでしたが、在籍する生徒の家庭実態は予想をはるかに超えるものでした。

90年代の学校づくりのときに生徒の実態を把握する目的から、当時の学区上位2校と下位2校の指標となるデータの収集を行ったのですが、１９９１年度の田奈高校の授業料減免者数（生活保護世帯、非課税世帯が対象）は44人で、率にすると約3％でした。２００９年度の数値は22・6％で、在籍生徒の5人に1人強の割合です。この20年間の変化に驚くほかありませんでした。ひとり親家庭の増加や家庭そのものが失われている生徒、外国につながりのある生徒、何らかの精神的障害が疑われる生徒など、個別支援が必要な生徒が急増していました。暴力的な生徒が減少した半面、教師集団から見えないところに大きな困難や課題を抱え込んでいる生徒が多く在籍している印象でした。

新たな学校づくり

学力を問わない入試で生徒を受け入れていくことになる新しい学校では、個別支援機能の強化が最重要の課題となることは明らかでした。生徒集団の秩序や規律を保持しながらさまざまな個別支援の仕組みをどう作り上げるか。こうした難問の糸口を探る目的で、一緒に着任した中田校長の発案で「アイデア会議」なるものを開催しました。「他人のアイデアを否定しない」こと条件に小グループの話し合いを行い、教職員から自由なアイデアや提案を受けました。

こうしたアイデアや提案を基にして生徒支援機能を四つの柱にまとめました。学習支援、生徒支援、キャリア支援、活動支援です。田奈高校の改革の特徴は、これらの支援機能の充実に外部資源、外部人材を大胆に取り入れていく方針をとったことです。ゴムボールの張力が弱っているときにさらに大きな荷重を教職員に負わせることは避けなければなりませんでした。また、生徒支援の内容によっては専門的な支援を受けた方が生徒にとってもプラスになります。

学習支援には大学生や地域人材を活用した個別学習支援システム、キャリア支援にはキャリアカウンセラーを中心とした就労支援システム（その後スクールキャリアコーディネーター事業として県で施策化）、地域の法人会の全面的な協力による一日職場見学体験（1年生全員対象）などのキャリアプログラム、学校を含めた多様な連合体で実施するバイターン事業（教育的有給職業体験プログラム）、生徒支援には教育相談コーディネーターを中心とした相談体制にスクールカウンセラーや外部相談員、スクールソーシャルワーカーなどを組み合わせた重層的な相談システム、といった具合に外部資源や地域資源を活用した個別相談支援システムを構築していくことになりました。田奈高校に地下水脈のように脈々と流れてきた生徒支援の思想が、新しい学校づくりを契機にして甦ってきた感がありました。

運命的な出会いから生まれた「ぴっかりカフェ」

多様な外部資源を活用しながら学校全体の支援機能を高めていくためには、校内にそれをコーディネートするセクションが必要です。その目的から「キャリア支援センター」がつくられ、教職員や生徒のニーズを的確に把握し、必要に応じて外部資源につなげていく役割を担うことになりました。その初代の事務局長がリクルートしてきたのが石井さんでした。当時、石井さんは会社を起業すると同時に、「よこはまパーソナル・サポートサービス」で相談員としても活躍していました。石井さんは、経歴的にみても田奈高校が求めている相談員としての要素を十二分に有している人材でした。

松田さんは、学校図書館の新しいあり方を追求しているユニークな学校司書です。著書もあり論文も書き、大学でも教えている学究的な面もありますが、一番の特徴はその開放的な雰囲気です。図書館を一部の生徒の居場所としてだけでなく、多くの生徒が出会える場、学習機会を提供する場、そして開放的な居場所機能をもった場にするべく、図書館の模様替えなどを大胆に実行し、準備室も生徒に開放していました。

この開放的な図書館で相談活動を行いたいと考えていた石井さんと、図書館の新たな機能を追求していた松田さんが出会うことになったのは「必然」だったと考えています。互いに「ロック好き」というおまけまでつきましたが。個室相談ではなくオープンスペースでの相談活動というユニークな試みが試行錯誤を経ながら続いていく中で、「カフェ」へとつながっていったのも、また必然だったといえます。カフェの誕生は、生徒の居場所、それも彩《いろどり》のある居場所が増えることで私としても大歓迎でした。さまざまな面倒も想定されましたが、他の学校にはない面白い企画に生徒たちは喜ぶに違いないという確信がありました。

学校は教職員中心の組織ですが、教師にできることには限界があります。田奈高校は、これまでにも生徒と外部の人材との出会いの場を多様に提供していました。例えば、夏休みに1年生全員が参加する「一日職場見学体験」などは地域の大人との貴重な出会いの場です。「評価し、評価される」という学校的価値（私は学校的シャワーと呼んでいます）から離れて別のシャワーを浴びることは大変貴重な体験です。学校的シャワーを浴びすぎて弱っている存在には何よりも違うシャワーを浴びて元気になってもらう必要があります。

カフェ事業は、地域の多くのボランティアが参加していただくことで、さまざまな視点から顕在化していない生徒の抱えている困難や課題を発見する機会にもなることが期待されました。また、図書館が、生徒昇降口、ランチルームと職員室をつなぐ導線上にあるというロケーションのよさが、懸念された生徒指導的問題への不安を軽減する効果もありました。生徒の個別支援機能のさらなる重層化、といった視点からもまさしく大歓迎の事業だったのですが、最大の問題は資金調達の方法でした。最終的には「クラウドファンディング」の手法によって初年度の資金は調達できたのですが、事業を安定的に継続できる仕組みが今後の大きな課題といえます。

「となり」カフェという企《たくら》み――ハイブリッド型チーム学校論

山田勝治（大阪府立西成高等学校校長）

2012年6月、民主党政権が消費増税三党合意により、歴史的「敗退」を喫する半年前、西成高校の校長室のむし暑い昼下がりに、私は当時淡路プラッツの代表だった田中俊英さんと大阪府政策企画部青少年課のKさんと向き合っていました。そしてそのとき、初めて「生徒」へのソーシャルワークをもとに「居場所」（サードプレイス）をつくりたいとの申し出を受けていました。

当時、西成高等学校校長になりちょうど4年目でした。そして、入学する生徒層にある種の変化を感じているときでもありました。いま思えば虐待サバイバーたる生徒の存在が校内において顕在化する時期と重なっていたように思います。

私は「では、2学期9月から始めましょう」と答えました。「となりカフェ」の始まりです。

居場所が必要な理由

その当時、お昼ごはんの時間には校長室から20メートルほど西側にある本校の玄関に約20人程度の生徒が床に直接座り、お昼ご飯を食べたり、カードゲームをしたり、思い思いの時間を過ごしていました。また、図書館の前廊下に陣取るグループも存在しました。彼らはお昼休みを教室で過ごすことが難しくて、別の言い方をすると教室内には共存できない種類の生徒が存在したために、互いは決してチームではないですが、その玄関前や廊下を共有していました。

また、放課後には彼らの多くが所在なさげに教室に遅くまで居残っている姿がありました。多くの生徒たちが5時からのアルバイトのため慌てて下校していくのを尻目に、UNOやポータブルゲーム機でそれぞれ楽しんでいるように見えました。全員が同じ理由というわけではありませんが、彼らの多くは元ひとり親家庭で、現在は新しい配偶者やパートナーとステップファミリーを形成している保護者のもとにいる生徒が多かった印象です。そこに新しい弟や妹がいる場合は顕著ですが、いるいないにかかわらず、家庭内でのパーソナルスペースやほっとするスペースのない生徒であったように思います。また、同時に「友人」同士のコミュニケーションにおいてもSNSをはじめ複雑で混乱した状況があって、安全で安心な人間関係から遠ざけられていたようにも思います。

2学期の始業式、「となりカフェ」の初代カフェマスターの辻田さんにスピーチをいただきました。そのとき、私は次のように紹介しました。「学校を辞めたくなったら、この人に相談してね」と。

当時、学校の教員が生徒にとっての信頼できる大人になかなかなりきれない状況もあったので、頭ごなしに叱らない、指導しない、何より話を聞いてくれる大人の存在が必要でした。

「となりカフェ」の「となり」の意味

「となりカフェ」は当初は学校でも家庭でもない第三の居場所という意味で学校の「となり」（校外）に居場所（拠点）を設けました。校内の居場所＝「窓口」からよりディープな課題のある生徒は「となり」への誘導という構図でした。いつも生徒のとなりにいる「となりカフェ」という意味と学校文化ではない異質なものとしての「となり」という意味での「となりカフェ」であったと理解しています。また、そこには学校の教員はできるだけ立ち入らないという意味でも「となり」ではなかったかと思っています。神奈川県の田奈高校での居場所カフェとは異質な「アジール」のような場所ではなかったかと思っています。

校内居場所カフェはそのような意味づけをもって始まり、そして拡大していきました。

学校内に窓を開けそこから別の空気が入ってくることを期待しました。当初は校内だけというつもりはなく、さらにはケースワークからアウトリーチにいたる計画もありましたが、近年は校内にあることのメリットを特に感じるようになりました。開設から7年目をむかえ、生徒たちの中に定着することで、校内に普通にある風景になってきました。最近では年間延べ1500人から1700人の利用があります。

排除する教育と包摂する居場所

居場所カフェ開設でおそらく一番苦労すると思うのが、「学校の中に生徒のサボる場所をつくる必要があるのか?!」という教職員の声だと思います。つまり、学級担任の指導意図も分からず、「生徒を甘やかす」だけの存在と見られたり、また教員には語らない心の裡《うち》をカフェ・スタッフに聞き取られたりすることに対する教員の「不快感」「嫉妬」がカフェ運営の最大の敵だと思います。このような教員至上主義の風潮のみなもとは根拠の乏しい「教員万能主義」だと、私は考えるようになりました。

1970年代から順次起こった「校内暴力」「イジメ」「不登校」などの問題はすべて教室で起こっています。さらに多くのことが学校教育の課題として語られることが多く、現場に働く教員の中にも少なからず、そのような教育への期待や学校や教育への責任転嫁に影響され、学校だけがそれらを解決する鍵ではないかと考えるようになっている教員がいます。そのことそのものは大きく間違ってはいないものの、学校教育への希望と情熱をもって赴任した若い先生たちの思いは、思いあまって「教員万能主義」へと傾斜していく傾向が見られます。もちろんすべての生徒の居場所が教室であり、すべての生徒がそこで居心地よく過ごせるべきだという意見には説得力もありますし、期待を抱かせるところもあります。

しかし問題は対象とする生徒が高校生、ハイティーンだという点です。そして、18歳で子どもを卒業し、将来への進路を選択し決定する高等学校だからこそ、起こる問題があります。つまり、彼らがパーソナル・スペースや「孤独」であることの快適さを必要とする年齢になっていることです。小学校や幼少期の居場所とはまた違う意味が存在します。さらに、高等学校には入学者選抜による「悪意なき」排除、振り分け機能があります。

親世代の「貧困」の連鎖、それに続く「生活苦」や「育児への無理解」、その結果としての「虐待（暴力やネグレクトや支配）」、そのために引き起こされた「二次障害」や「不登校」、こうした因果関係の連鎖の中、本校の生徒は、私たち教職員よりもはるかに日々を乗り切るチカラに長《た》けたサバイバーとなっています。

さて、こうした現状に対して、本校の教員たちは「信頼できる大人」として生徒の前に立っていることができるのでしょうか？ 本校の学校運営協議会の座長でもある大阪府立大学の西田芳正教授はその著書（『排除する社会・排除に抗する学校』）で次のように紹介しています。

アメリカの社会学者のリストはその研究を通して不平等を作り出す存在としての教師の姿を見出しています。「中産階級出身の成功者である教師は、自らの階級において望ましいとされる特性をもつ子どもを『成功する』グループとして選び出し、そうすることで、下層出身の子どもはあらかじめ「劣った」グループに回されてしまうのである。こうした、客観的な裏付けのない誤った期待に基づいて、教師は異なる形で子どもを扱う」（『排除する社会・排除に抗する学校』）また、教師は貧困にまつわる個人的な経験をもっていないため、その階層の保護者や生徒の心情、階層間での不平等問題を理解しがたいのではないかと思います。

このような特性をもつ教師にとってみると、居場所カフェは無用なものだと言えるでしょう。私は学校教育における教員の立場を改めて考えさせられました。単純に、内田樹さんの「先生はエライ」のレトリックの世界だけではなく、階層分化の激しい日本市民社会における自らの所属や立ち位置が問われているのだと感じます。

２００９年「子ども・若者育成支援推進法」が成立し、その翌年に出された、内閣府「子ども・若者支援地域協議会運営方策に関する検討会議」がまとめた「社会生活を円滑に営む上で困難を有する子ども・若者への総合的な支援を社会全体で重層的に実施するために」（２０１０［平成22］年7月）という報告書を目にしました。報告書には、「高等学校の関係者に」という項目だてで主に四点にわたる提案がありました。

①学校と就労支援機関の関係の緊密化：中退後、卒業後の支援が行き届きにくくなりがちなので、「高等学校が彼らを守る最後の砦」となるよう期待していること
②学校における外部からの支援者の位置付け：スクールソーシャルワーカー、スクールカウンセラーなど外部の専門家を支援者として活用する体制の整備が必要なこと
③中退者に対する情報提供：退学時などの適切な時期に、地域の就労機関や学び直しの機会の紹介が必要なこと
④職業選択や職業生活に関する知識の提供：困難を有する生徒が多い高等学校おいては、職業選択や職業生活において不利益を被らないような知識を提供すること

などが明確に書き込まれていました。

特に、新たな高等学校全入時代のスタンダードとなる学校づくりを目指すことを私自身のミッションとして設定した時期でもあったので、高等学校が最後の砦というフレーズは学校の実態や私自身の経験にもぴったり合致しました。多くの教育社会学の先生たちが指摘していた「経済的文化的社会的環境」と学力の格差の関係は一部の学校に「濃縮」された姿で現れることを改めて実感しました。

高校のプラットフォーム化

西成高校の周囲には、従来から社会関係資本が豊富に存在します。それらの諸団体との連携によりさまざまな取り組みを実践してきました。そして、しばしば「西成マジック」と言われる取り組み成功例が取りざたされることもあります。こうした事例も社会関係資本との開かれた連携によるものでありました。その意味で無意識のうちに日本的伝統的学校運営手法と一線を画する方法が導入されていたとも言えます。とはいえ、伝統的な学校として結果の平等を求める志向もむしろ根強く残っていました。2000年代になってからの本校は約二度の教育方針上の揺り戻しで伝統的な運営手法に方針が振れ、外部機関との連携が疎かになる時期がありました。現在は本校にもいろいろ助言を頂戴している大阪府立大学の山野則子教授の提唱する「チーム学校」の指針に学びながら、教育と福祉と労働の各分野の連携による学校づくりを行っています。しかしながら、教育行政の方針や教育財源の都合により、本校における「チーム学校」の取り組みは、チーム内にいる本務者は教員だけで、その他の分野についてては、種々の予算によりモザイク的に配置されたものとなっています。曰く「ハイブリッド型」チーム学校です。

今日の子ども育成の状況を考えると学校と教員だけで連鎖された社会・家庭環境を乗り越えることは不可能に思えます。こうした学校機能の一つとして、予防支援をになう校内居場所カフェは必須になると思います。

さらに高校全入時代における「最後の砦」という意味は、ここで子どもをすべて把握できるという機能があるからだと思います。確かに義務教育とは違いますが、98・8％の高等学校進学率は全数の把握という意味で、保育所・幼稚園・小学校・中学校に続き高等学校での把握も可能になったと言えないでしょうか？　そうであるならば、高校生時代の特徴である労働への接続も含めて、学校をプラットフォームにしたさまざまな福祉的施策と就労支援を中心とする労働的施策の融合が可能になることによって大きな意味をもつのではないかと思います。

それは、1945年以後制度的に大きな変化をしてこなかった高等学校教育が、いま改めて大きな曲がり角に立っていることを自覚する必要があります。ハード的にはすっかり制度疲労を起こしている学校制度、そのOS（オペレーティングシステム）をすっかり入れ替えるぐらいの取り組みが必要になってきていのではないかと私は考えます。

カフェと教育委員会がつながる

東尾茂宏（大阪府教育庁指導主事）
末冨 芳（日本大学教授）

教育委員会事業としての高校内居場所

大阪府の高校内居場所カフェは、2018（平成30）年度においては「課題を抱える生徒フォローアップ事業」として、府の予算がつけられています。現在は、大阪府教育庁教育振興室高等学校課が高校内居場所カフェを担当しています。

「課題を抱える生徒フォローアップ事業」は「貧困をはじめとする様々な課題を抱える生徒が在籍する学校において、課題を早期発見し、社会資源へとつなげることで学校への定着を図り、中退者を減少させる」ことを目的としています。

図のように「居場所設置型」と「SSW（スクールソーシャルワーカー）集中配置型」との

二つの事業が含まれている点が、この事業の特徴です。「居場所設置型」の高校は、2018年度で15校となっています（大阪府 2018）。居場所を学校に設けることで、生徒の登校の動機づけとするとともに、教員には言い出しづらいことや教員からは見えづらい生徒の課題を早期発見し支援につなげる仕組みです。

居場所が設置されている高校には、いずれもスクールソーシャルワーカーが配置されており、学校の教職員と、居場所、そしてスクールソーシャルワーカーが外部機関とも連携しながら、生徒を支援していくことで、中退防止や高校での学びに集中しやすい環境づくりにつなげていこうとするものです。

大阪府での高校内居場所の進化

高校内居場所は、2017年度から教育委員会

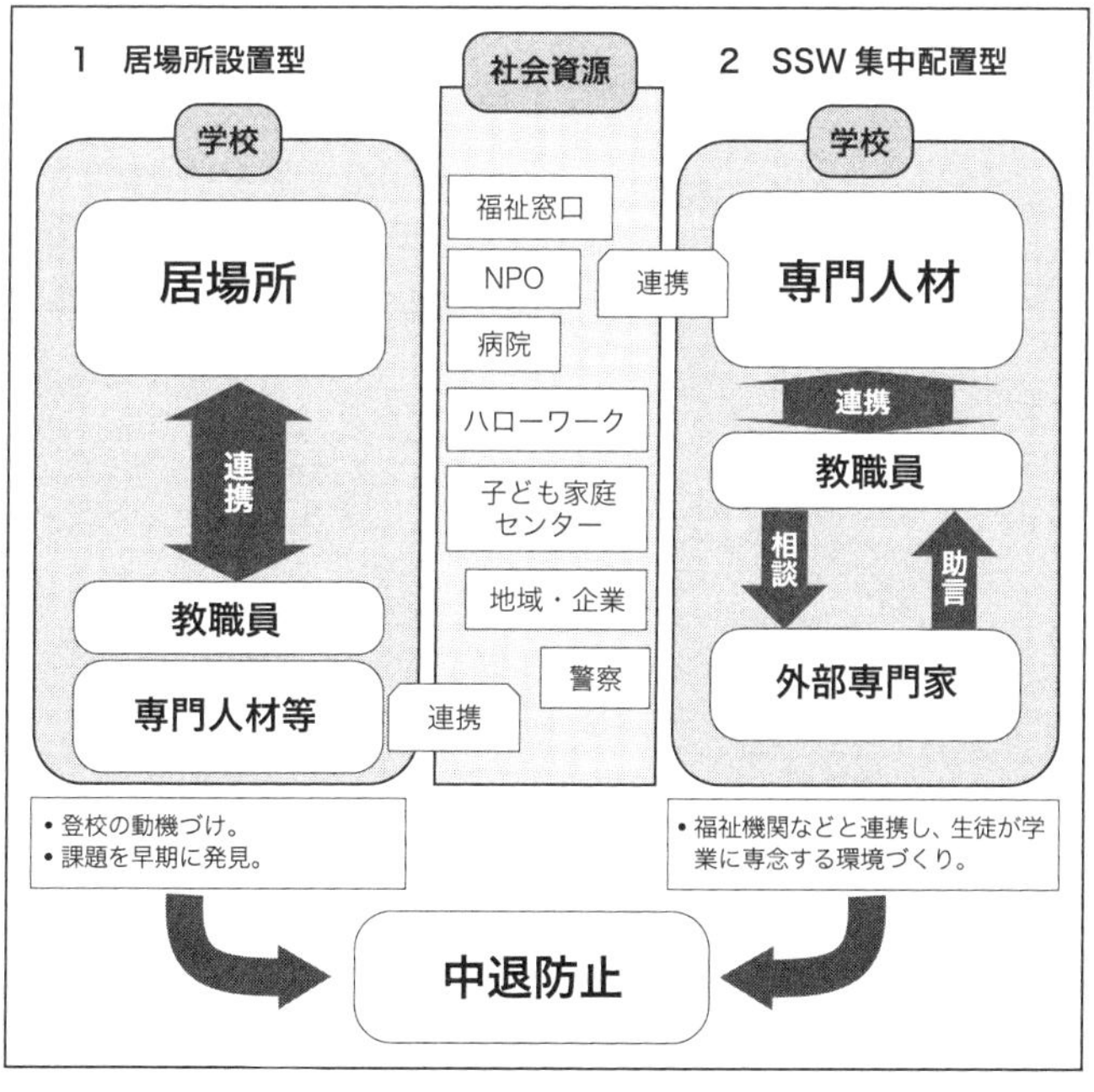

図　課題を抱える生徒フォローアップ事業（大阪府 2018）

の所管事業となっていますが、大阪府ではその前の2012年度から居場所カフェを事業化してきました。2012年度から2016年度までの事業の経緯は末冨（2017：22-27）に詳しく述べられていますが、概要を述べていくと次のようになります。

2012年度から2015年度においては、高校内居場所カフェは、知事部局である大阪府青少年・地域安全室青少年課（以下、青少年課）が所管していました。内閣府や厚生労働省の100％国庫補助事業を利用して、2012年度に大阪府立西成高等学校にまず高校内居場所カフェ（となりカフェ）が設置され、2013年度8校、2014年度8校、2015年度21校と規模を拡大してきました。しかしながら、2016年度の後半のみ青少年課で実施となりました。

青少年課と大阪府教育委員会とはこの間、継続的に居場所カフェの有効性を検証したり（み・らいず 2016）、担当者同士での連携を深めてきました。大阪府の高校中退率は全国でもワースト水準にあり、生徒たちの貧困の連鎖や将来貧困に陥ってしまうリスクを考えると、高校中退は改善しなければならない課題だという認識を共有していたからです。

高校内居場所は2017年度予算からは教育委員会の所管事業「課題発見フォローアップ事業」として予算を獲得することができました。それまでの国庫補助事業に頼るやり方ではなく、府の一般会計での事業、つまり大阪府が高校内居場所の財源を支出することとなったわけです。府の厳しい財政状況の中でも予算獲得が認められたのは、やはり高校内居場所がとくに課題を抱える生徒が多い高校においては有効なアプローチだということが、予算編成段階において認められたからだと考えています。

また、青少年課と教育委員会とがかかわりながら、高校内居場所も進化してきたということができるのではととらえています。2012年度から2016年度までは、高校内居場所が試行を重ねながら、学校内に根づき始めた時期ということができます。この時期には、高校生の中退・不登校の予防のために受け皿としての居場所を学校内につくり、学校の教職員と居場所のスタッフとがつながり方も工夫しながら人を集める・学校とつながるノウハウも確立してきた時期にあたるといえます。

2017年度以降では、さらに居場所に集ってくる子どもたちの課題をなるべく早期に発見し、さまざまな社会資源とつながりながら生徒の課題を改善をしようとするアプローチが可能になりました。前述したようにスクールソーシャルワーカーをより効果的に活用しながら、生徒の中退防止につなげようとするアプローチが採用されるようになりました。

いっぽうで期間限定の国庫補助事業から、大阪府の財源負担による事業となることは、事業の目的や効果をより明確に、大阪府民に説明していくアカウンタビリティもいっそう明確に意識される必要があることも意味します。高校生の中退率を改善することはもちろん重要なことですし、高校内居場所の効果をよりよく把握するための方法を、居場所を運営する団体さんたちと一緒に考えていくことも大切にされる必要があります。

さまざまな高校内居場所のかたち

ところで、高校内居場所といった場合、当たり前ですが、学校内の居場所カフェを想像される方が多いと思います。ですが、カフェにかぎらず、例えばある高校では高校生たちが地域団体と協力しながら子ども食堂を運営し、他の子どもたちのための居場所となっていくという取り組みもこの事業の中では行われています。もちろん高校生もしんどい状況にいる生徒もいますが、子ども食堂を通じて支える側にまわる、自分たちが居場所をつくったり、子どもたちの居場所になるという活動も、高校内居場所のかたちとしてはとても面白いものだといえます。

また、世の中にあるカフェがそれぞれ個性をもったサードプレイスであるのと同じように、カフェ型の居場所もそれぞれの個性があります。スタッフがコーヒー豆からコーヒーを丁寧に入れて、生徒がゆっくりと落ちつける居場所カフェもあれば、地元のおにぎり屋さんがおにぎりを届けてくれて、高校生がお腹を満たしてほっとできるお茶の間型の居場所カフェもあります。

受託団体さんもさまざまで、地域で子ども支援、ひきこもり支援や不登校支援をしている団体さんもあれば、若者の就労支援に実績をもつサポステ（地域若者サポートステーション）の運営団体が居場所を運営している高校もあります。いずれも、子ども・若者への支援のスキルをもっている団体さんです。

また心強いのは、社会福祉士、精神保健福祉士、臨床心理士の資格をもつ方も運営団体のスタッフにおられることです。学校の教職員とともに、生徒の困り感を見つけられる目をもったスタッフさんが、高校内にいてくれることに教育委員会としては心強さを感じています。

居場所にかかわるそれぞれの団体さんの思いや、それぞれの高校の生徒や教職員の個性とが、さまざまなかたちでの居場所をつくり出しています。居場所の運営場所も、図書館だけでなく、学校内の特別教室、和室などを利用している場合もあります。

居場所と学校との信頼関係が深まって、居場所スタッフが授業内で生徒のサポートをする学校もあれば、表面上は学校の教職員とはあえてそれほど接触があるようには見せない学校もあります。またたくさんの高校生がアクセスできるフルオープン型カフェもあれば、しんどい子がほっとできるゲートキーピング型の居場所もあります。生徒たちの中退予防につなげるために、それぞれの学校の状況にあわせ、さまざまなアプローチが行われています。

全日制・通信制・定時制、それぞれの高校の状況も違います。教育委員会としては、学校それぞれのやり方で、学校と運営団体さんが課題や思いをすりあわせながら生徒たちにさまざまなかたちで居場所を提供していけるよう、募集や仕様書も工夫をしています。

教育委員会と高校内居場所とのかかわり

教育委員会も居場所開催日を選んで高校内居場所を訪問しています。

教員でもある指導主事にとっては、高校内居場所カフェのやり方も勉強したいという思いがあります。家庭にも居場所を見つけづらい生徒たちにとっては、居場所カフェのスタッフさんが自分のためだけにオーダーを聞いてくれたり、くつろいで話をしていたり、そんな光景の中に何気なく教育委員会の職員も入り込み、生徒やスタッフさんと一緒にお茶を飲んだりもしながら、居場所を観察したりしています。

思ったよりたくさんの生徒たちでにぎわってワイワイしていたり、子どもたちの居場所が「楽しいねん」という声を聴いたりできると、嬉しい気持ちになります。恋愛の話でもしているのかなと思っていたら、けっこう深刻な話を居場所スタッフに相談していたり、その場に参加してあらためて居場所の役割の重要性を感じています。

学校と高校内居場所とのつながりも、もちろん把握します。最低限のルールとしては、高校内居場所で課題を発見したとき、学校の教職員にまず課題が共有され、そしてスクールソーシャルワーカーに学校から情報を提供し、共有するという体制です。

管理職や、居場所とつながる役割の担当教員の話も聞きながら、どんなつながり方をしているのか、生徒の課題を発見して、学校と居場所やスクールソーシャルワーカーがどのように連携しているのかも把握しています。学校が生徒への責任の主体ですので、居場所の団体さんもそこは意識しながら、学校との連携体制をつくっておられます。

居場所とつながる担当教員は、教育相談担当や、保健部、教育相談部など学校によってさまざまです。養護教諭の場合もありますが、学校の実態に応じて教員が居場所スタッフと連携しています。また高校内居場所を大阪府内の教職員だけでなく、他県の指導主事に見てもらう機会もつくりました。大阪府の中でも外でも、さまざまな方の関心が高まっているのではと思います。

また高校内居場所同士の情報交換会、連絡会も教育委員会が開催しています。居場所運営団体同士のノウハウを交流する場として、団体さんには活用していただいています。もちろん全国で最先端の試みであるという自覚もあるので、教育委員会側も試行錯誤する場面もあります。

しかし、高校の中に居場所を見つけづらかった生徒が、高校内のカフェに来たい気持ちから次第に登校継続できるようになっていったり、教職員だけでなく居場所スタッフも含め、たくさんの大人がさまざまなかたちで高校生に関わって悩みを発見でき関わることができたりと、感じることも多くあります。これからも、生徒たちのために、より良い学校と居場所とのつながり方を一緒に考えていくことができればと思います。

＊本稿は、大阪府教育委員会教育振興室高等学校課・指導主事・東尾茂宏さんとのインタビュー（２０１８年10月５日）および参考資料・文献から、末冨が執筆し、大阪府教育委員会教育振興室高等学校課が確認を行うという手法で執筆されています。本稿の執筆責任は末冨にあることを明記させていただきます。

引用・参考文献

大阪府（2017）「平成29年度当初予算（政策的経費）　課題早期発見フォローアップ事業費」http://www.pref.osaka.lg.jp/yosan/cover/index.php?year=2017&acc=1&form=01&proc=6&ykst=2&bizcd=20170584&seq=1

大阪府（2018）「平成30年度当初予算（政策的経費）　課題を抱える生徒フォローアップ事業費」http://www.pref.osaka.lg.jp/yosan/cover/index.php?year=2018&acc=1&form=01&proc=6&ykst=2&bizcd=20160841&seq=1

末冨芳（2017）「子どもの貧困対策はなぜ脆弱なのか？――大阪府・高校内居場所（カフェ）事業のアイディア創発から中断までの政策過程」日本大学教育学会『教育學雑誌』第53巻、19〜31頁

特定非営利法人み・らいず（2016）「『高校内における居場所のプラットフォーム化事業』調査研究事業報告書」平成27年度　文部科学省いじめ対策等生徒推進事業委託報告、２０１６年３月

カフェがつなぐ教育と福祉

霜堀　春（福祉関係職員）

教育と福祉の連携

(1) 高校内居場所カフェ事業の取り組み

生活に困窮している世帯で生活している生徒が、学力的な理由だけでなく、家庭の事情やさまざまな事情で高校を中途退学したり、卒業を迎える中、進路未決定となってしまうことがある。そんな中、生徒の中退や進路未決定、そして将来への希望の喪失を防ぐ可能性を秘めた事業として、高校内居場所カフェ事業（以下、カフェ事業）が注目を集めている。カフェ事業は、定時制高校やいわゆる課題集中校と言われる高校で先駆的に始まっている。それは、生徒たちをなんとかして支えたいと考えている校長をはじめとした学校内の教員が、学校の外部に位置付けられるＮＰＯなどの民間事業者や福祉施策に取り組む行政と出会い、成立した事業である。

ここでは、カフェ事業の意義について、経済的困窮世帯の生徒を支えるための、教育と（主に生活保護・生活困窮者支援施策を念頭においた）福祉をつなぐという視点から考えてみたい。

（2）教育と福祉の連携

ここ数年、「教育と福祉の連携」という言葉が、流通し始めている。それは、若者が社会の戦力とされ、就職後は終身雇用制度で働く男性と専業主婦となる女性という家族像が安定していた時代が崩壊し、若者が弱者に転落したからかもしれない。あるいは若者の不安定な立場が見過ごされてきたのが、明らかになってきたからかもしれない。しかし、その一つのきっかけとなったのは、間違いなく、高まる「子どもの貧困」への関心や問題意識の中で、内閣が2014年度に閣議決定した「子供の貧困対策に関する大綱」（以下、「大綱」）であった。

「大綱」は、目的・理念として、「子供の将来がその生まれ育った環境によって左右されることのないよう、また、貧困が世代を超えて連鎖することのないよう、必要な環境整備と教育の機会均等を図る」こと、および「全ての子供たちが夢と希望を持って成長していける社会の実現を目指し、子供の貧困対策を総合的に推進する」ことを掲げている。そして、その重点施策の一つとして、「教育の支援」の中で、「『学校』をプラットフォームとした総合的な子供の貧困対策の展開」をするとしており、その中で「学校を窓口とした福祉関係機関等との連携」をあげている。

さらにその充実や推進を図るものとして次の三つを例示している。①学校を窓口として、貧困家庭の子供たち等を早期の段階で生活支援や福祉制度につなげていくことができるよう、地方公共団体へのスクールソーシャルワーカーの配置の推進。②児童生徒の感情や情緒面の支援を行っていくためのスクールカウンセラーの配置推進。③一人一人（大綱の原文ママ）、それぞれの家庭に寄り添った伴走型の支援体制を構築するため、スクールソーシャルワーカー等と連携し、家庭教育支援チーム等による相談対応や訪問型家庭教育支援等の取組の推進。以上の三点が大綱に位置付けられている教育と福祉の連携である。

今のままでは教育と福祉の連携がうまくいかない要因

（1）教育と福祉の連携はうまくいっているのか

大綱の閣議決定後、教育と福祉の連携は進んでいるだろうか。行政の施策としてみると進んでいるという具体的な事実をいくつか確認することはできる。例えば、生活保護世帯の子どもの高校進学率が一般世帯に比べて低いことから生活保護分野で先行して始まった学習支援事業は、対象世帯（生活困窮世帯やひとり親まで）や事業内容（学習だけではなく生活支援まで）を拡大しながら全国的な広がりをみせている。また、学校と福祉制度をつなぐ役割を担ったスクールソーシャルワーカーの学校への配置（自治体によっては役所内部に配置され学校へは出張）も増加している。

しかし、教育と福祉の連携にはまだまだ課題がある。

(2) 目的のすれ違い

高校生に関する教育と福祉の連携が今一歩進まない要因の一つに「法律」がある。

高校、つまり学校を規定する法律として、教育基本法と、学校それぞれの性格を定めている学校教育法がある。その学校教育法において、高校の目的は次のように定められている。「高等学校は、中学校における教育の基礎の上に、心身の発達及び進路に応じて、高度な普通教育及び専門教育を施すことを目的とする。」（第50条）。つまり、高校の目的とは「高度な普通教育及び専門教育を施すこと」が第一となり、教員はまずそれに応えることが求められる。その中では、遅刻を繰り返す生徒が「実は」家がゴミ屋敷であり、家に帰りたくないために夜に街に繰り出し寝る時間が遅くなってしまっていた、家がゴミ屋敷になってしまっているのは、「実は」親が何らかの障害をもっており、家のことがほとんどできないからであったなど、学業に集中することができない生徒の「実は」にまつわる福祉的な支援のニーズ・課題が見過ごされてしまうこともある。そもそものようなニーズ・課題について高校の教員にすべて対応してもらうことを期待することは難しい。

また生活保護や生活困窮者支援制度のような福祉制度についても、その制度上の難点がある。それは、経済的困窮を解決するという目的からどうしても、対象を家族全体（世帯）として捉えることであり、関わりの重点を世帯主（大抵の場合、生徒の保護者）に置かざるを得ないことである。支援の中心が保護者になり、どうしても生徒自身の置かれた状況の情報収集・対応は二の次になってしまう。このように生徒の家庭の状況にまで入ることが難しい教育（高校）と子どもを中心に対応することができない福祉の関係性の中で、実は福祉的な課題を抱える生徒が中退や不登校という形でこぼれ落ちてしまうのである。

（3）相談窓口のスティグマ

その中で、福祉的な支援のニーズ・課題がある生徒への対応について教育と福祉をつなぐ役割として期待されているのが、前述のスクールソーシャルワーカー事業であり、スクールカウンセラー事業である。しかし、この二つの事業にも、逃れることのできない課題がある。それは福祉の相談においては必ず付いて回ることであるが、相談窓口を頼るのは、何か問題を抱えている少数派であり恥ずかしいという感覚（スティグマ）である。多感な時期でありながら、精神的な成熟としては大人の一歩手前まできている高校生の自己認識はとても繊細である。相談室を設け、その結果として相談室を訪れる者が学校の中でマイノリティとして可視化されてしまう仕組みでは、問題がより深刻化し、やむにやまれぬ状況になって初めて相談がつながることが多いのである。

また、この両事業は基本的には（相談）待ちの体制となることが多い。つまり生徒本人が相談にくるのを待つか、もしくは先生から紹介されたり情報提供されたりするのを待つ体制となり、担当者から広くと生徒たちにアプローチやアウトリーチを行うことはかなり難しい。

高校内居場所カフェが教育と福祉をつなぐ

(1) カフェ事業の可能性

教育と福祉の連携がもう一段フェーズを登らない理由に、以上のようなそれぞれの目的のすれ違いや機能の困難がある中で、カフェ事業はこれらの課題を乗り越え教育(高校)と福祉の連携を深める役割をもつのではないか。

実施場所によって多少の違いはあるが、カフェ事業には多くの生徒が参加し、スタッフまたはボランティアである大人と交流している。また、規模が小さくても複数の生徒が参加し居場所としての場を形成している。それにより親・先生以外の大人と自然に交流することができる場をつくり、相談するのが恥ずかしいというスティグマを排除して、相談や支援につなげる役割を果たしている。

(2) 高校内居場所カフェの難しさ

しかし、カフェ事業にも課題はある。それは、カフェ事業を安定的な運営のもと拡大していくために必要な、行政による事業化（予算化）に関わっている。そこで課題となるものは、皮肉にもカフェ事業の目的の多様性にある。カフェ事業の目的・効果については、成果指標委員会の中でも次のような意見が出ていた。①中退の予防や福祉的課題のある生徒への対応、②生徒の食べ物・音楽・本等のメディア・文化的な意識の醸成、③（学校が開かれる等の意味での）学校改革等。この目的・効果の多様さ・広がりが、行政の縦割りと軋轢《あつれき》を引き起こす。①〜③の目的・効果だけでも行政が関わる部署は、教育部局（教育委員会等）・子ども（青少年）部局・福祉部局・市民（文化）部局といくつもの部局にまたがる。その中で、どの部局もその目的・効果を認めつつも、自身の部局として実施することに及び腰となる。カフェ事業の多様な効果が、カフェ事業を行政のどの部署で担うかという悩みの種となる。これが、各地で行われているカフェ事業が先駆的な取り組みとして行政の各部署からの視察を受けつつ、行政の事業として大きく広がっていない一要因となっている可能性がある。

では、カフェ事業は、行政の施策として広がっていくためには、どうすべきだろうか。前述の①〜③の目的・効果の中で、特に取り組むべき目的・効果を定めるべきだろうか。しかし、カフェ事業の魅力は、この目的・効果の多様性にこそある。その高校の状況に合わせた創意工夫の取り組みができ、「相談事業のためにある」「就労支援のためにある」「学習支援のためにある」という「〜のためにある」に捕らわれない多様性こそが、その先駆性であり、行政の事業化が多くない中で全国に広がる推進力になっている。

そんな学校や地域の創意工夫による多様なあり方を損わない形で、行政が財政的なサポートを行っていく。カフェ事業は、従来の縦割りによる事業化を超えた、事業のあり方を求めている。

(3) まとめ

カフェ事業は、高校生の居場所となり、親と先生以外の大人と生徒が信頼関係を構築する場となり、教育（高校）と福祉をつなぐ場となりつつある。今後はさらに一歩進んで、教育と福祉に関わる大人同士をつなぐという役割も期待したい。例えば、ある自治体のカフェ事業の実践の中では、カフェ事業をきっかけに高校の教員と福祉行政の交流が始まり、互いの制度について勉強をしあう場を定期的に設けている。その中では、例えば「生徒が高熱を出しながら学校に来ているが、親が健康保険料を納めておらず健康保険証をもっていないようだ」という学校側のSOSに対して、「子どもの福祉の観点から、親が健康保険料を未納でも未成年の子だけには健康保険証が発行される」などの実践的な連携を行う関係ができつつある。

子どもの貧困対策において、子どもを中心とした関わりは欠かせない。そして高校生年代においてはその最前線に立っているのは間違いなく学校（高校）である。しかし、学校（高校）は子どもを中心に置きながらも、その目的はあくまで教育である。そして子どもが学校と同じくらい長い時間を過ごす家庭は、福祉行政が支えている。しかし、福祉行政は通常では、子どもを中心に据えた支援となるような設計とはなっていない。アプローチの中心は親となることが多い。カフェ事業には、そのような学校（教育）と福祉をつなぐ役割、それは子どもを中心としつつも、その周りにいる大人同士のつながりをつくるような役割を期待したい。

学校図書館でカフェを

松田ユリ子（神奈川県立田奈高等学校学校司書）

神奈川県立田奈高校では、毎週木曜日の昼休みと放課後、学校図書館にカフェがオープンします。その名も「ぴっかりカフェ」。学校図書館の愛称「ぴっかり図書館」に因《ちな》んだネーミングです。

ぴっかりカフェはどうして学校図書館にオープンするの？

(1) 田奈高校ぴっかり図書館としての固有的な理由

「学校図書館」と「カフェ」の組み合わせは、確かにインパクトがあります。けれども、最初からねらってそうしたわけではありません。むしろ、「そうなった」というほうがリアルなのです。

始まりは、2011年の6月に遡ります。ぴっかり図書館に、キャリア支援センター事務局長が、何やら改まった様子でやってきました。内閣府のモデル事業で、田奈高校に新しく相談員が派遣されることになった。その相談員石井正宏さん（現パノラマ理事長）が、相談場所を、相談室ではなく図書館にすること希望しているが、どうだろうか？というお話でした。私は4月に田奈高校に赴任したばかり。これから田奈の生徒たちにとって意味のある学校図書館をどのようにつくっていくべきか、探っているところでした。その場で紹介された石井さんから直接話を伺って、すぐに面白そうだと思いました。相談しているように見えない相談のアイディアが素敵だと思いましたし、ともかく、生徒にとって意味のあるコトがぴっかり図書館に加わりそうなことだけは分かったからです。まずはやってみる。問題はそのつど解決していけばいいのです。そうして、図書館で週に1日の「交流相談」が始まりました。

始まった当初は、石井さんも所在なさげ。生徒に知られてなかったので、無理もありません。そこで、石井さんを生徒に自然と紛れ込ませるべく、色々と画策しました。司書室で一緒にお弁当を食べたり、共通の趣味の話で盛り上がっている様子を見せることは、その第一歩でした。図書館オリエンテーションに登場してもらう、文化祭の中庭ステージで演奏してもらうなども、石井さんの認知度を上げるために始めたことです。次第に、石井さんはぴっかり図書館に居る変な大人として、生徒に馴染みの存在になっていきました。

しかし、教職員からの信頼貯金も次第に貯まり、成果が見え始めた頃に、モデル事業が終了してしまいました。2013年3月のことです。何とか資金を調達して、石井さんに田奈高校に継続的に来てもらう方法はないものか。誰よりも石井さん本人が、学校へのアウトリーチに手応えを感じ、田奈高校での支援の継続を望んでいました。みんなで知恵をしぼる中、キャリア支援センター事務局長が、「LOCAL GOOD YOKOHAMA」のクラウドファンディング事業に目をつけ、そこで寄付が集まりやすくなるように、カフェをつくることを思いついたのでした。もちろんインパクトだけをねらったのではなく、大阪府立西成高校の「となりカフェ」の先行事例への共感があったからこそのアイディアです。事業母体として特定非営利活動法人パノラマが設立され、クラウドファンディングへの挑戦が始まりました。幸い、目標を大幅に上回る額の寄付が集まり、2014年12月、石井さんが田奈高校にカフェマスター兼相談員としてカムバックを果たし、現在に至ります。

カフェは、それまでも交流相談が行われてきた場所、つまり学校図書館で引き続き行われることになりました。目的はあくまでも交流相談にあるからで、カフェは、それまでの交流相談事業のバージョンアップなのです。

ところで、そもそも石井さんはなぜ学校図書館を交流相談の場所に選んだのでしょうか？　交流相談は、生徒が日常的に自由に出入りでき、かつ相談員が違和感なくそこに居られる場所で行われることが重要です。ぴっかり図書館は、校舎の2階、生徒昇降口と職員室を結ぶ導線上にあり、専任の学校司書（私です）が常駐し、多様なメディアが揃っていていつも生徒で賑わっています。図書館の資料を活用した授業も多く行われ、教職員も気軽に立ち寄ります。誰もが特別な目的なく居られる場所なのです。田奈高校では、ぴっかり図書館以上に交流相談にふさわしい場所はないと、石井さんは看破したのでした。

(2) 学校図書館としての普遍的な理由

学校図書館は、日本では「学校図書館法」に法《のっと》って、学校教育を充実することを目的に、すべての学校に設置されている施設です（「第三条　学校には、学校図書館を設けなければならない」）★1。学校のすべての生徒と教職員が利用できるように運営されなければなりません。その方法として、資料の収集と分類配列および目録整備の他に、「読書会、研究会、鑑賞会、資料展示会等を行うこと」（第四条三）、「他の学校の学校図書館、図書館、博物館、公民館等と緊密に連絡し、及び協力すること」（第五条五）が謳われています。ぴっかりカフェは、これらの条項に当たる学校図書館の運営方法の一つなのです。行っていることは「交流相談のためのカフェ」、連絡協力している相手は、若者支援をミッションに掲げる「特定非営利活動法人パノラマ」というわけです。そもそも、生徒の予防的支援の一環として学校側から協力を求められて始めたことなので、求められる学校教育の充実のためにこの方法に取り組んでみるのは、学校図書館として当然のことだと言えます。

カフェという方法は、それだけを見ればユニークかもしれませんが、どこの学校図書館

★1
文部科学省。学校図書館法 http://www.mext.go.jp/a_menu/sports/dokusyo/hourei/cont_001/011.htm

でも取り組んでいるさまざまな方法は、「情報リテラシー教育」という一言にまとめることが可能です。「情報リテラシー」は、「情報が必要である状況を認識し、情報を効果的に探索・評価・活用する能力」（アメリカ図書館協会 1989）のことで、児童・生徒が自立した市民になることを目標にしています★2。ですから、「情報リテラシー教育」は、「情報リテラシーを身につけるための手段」です。学校図書館が担う情報リテラシー教育は、大きく二つに分けることができます。「教える情報リテラシー教育」と「教えない情報リテラシー教育」です★3。前者には、主に学校図書館で行われる授業を通して行われる方法が含まれます。課題を設定し、調べてまとめて発表し、評価するという一連のプロセスを通して学ぶ探究学習の支援などがこれに当たります。教員が生徒に身につけてほしいと考えた学習目標のために計画された活動の支援は、すべて教える情報リテラシー教育だと言えます。後者には、授業以外の場面でのさまざまな方法が含まれます。図書委員活動で広報誌をつくる生徒の支援や、体育祭の応援ダンスのための衣装を考える生徒の支援、あるいは、「なんか面白い本ない？」と聞かれて、生徒と一緒にあれこれ本を探すこと、生徒の潜在的ニーズを刺激する資料を揃えることなども、教えない情報リテラシー教育です。

　ぴっかりカフェは、教えない情報リテラシー教育として、最強です。なぜなら、生徒は課題を認識する方法と、それを解決する方法を学ぶことができるからです。大抵の高校生は、なんとなくの不安を抱えています。すぐにムカついて無用なトラブルを起こしがちな生徒ほど、その抱える不安は大きいと想像できます。落ち着かないのは、その不安の正体

★2
アメリカ図書館協会。アメリカ図書館協会ALA会長情報リテラシー諮問委員会（1989）『最終報告』

★3
野末俊比古（2014）「情報リテラシー教育の『これまで』と『これから』――図書館におけるいくつかの論点」『情報の科学と技術』vol.64, no.1

が何か分からないからかもしれません。ぴっかりカフェで、石井さんがやっていることは、不安を抱えている生徒をまずは発見することです。生徒と顔見知りになって信頼貯金を貯めることが、課題の早期発見につながります。生徒が自分から話してくれるようになったら、その抱えている漠然とした不安を、具体的な課題に分けて認識しやすくします。例えば、進路の課題、家族の課題、友人関係の課題、バイトの課題というように。いくつもの課題が絡み合っている生徒もいるでしょう。具体的な解決方法はケースバイケースですが、課題を明らかにしてから、それを一つずつ解決していくというプロセスは同じです。重要なのは、すべてを、石井さん1人が支援するのではないということです。例えば、家族の課題ならスクールソーシャルワーカーへ、友人関係の課題ならクラス担任へ、メンタルの課題ならスクールカウンセラーへというように、課題を解決するために最も有効な手立てを紹介、連携するようにチームで動くのです。精神科医や児童相談所など、学校外のプロフェッショナルと連携することも少なくありません。生徒はこうした支援を受けながら、同時に課題解決の方法を知ることができます。

　家庭の課題や障害など、本人のせいではない課題を抱えた生徒に限らず、誰でも何かしらの悩みを抱えているのが高校生とも言えます。1人で悩まず信頼できる誰かに話すという、基本的で大切な行動が取れるようになるだけでも、情報リテラシーのスキルを一つ身につけたことになります。

（3）カフェという方法が有効な理由

ぴっかりカフェを教えない情報リテラシー教育として最強なものにしている別の要因は、多様な経験を積むための環境が用意されているという点にあります。

一つは、文化的シャワーです。学校図書館は、元来が多様なメディアに出会って文化浴のできる場所ですが、そこにカフェという方法が持ち込まれたことによって、音楽と飲食物が当たり前になりました。どちらも従来の図書館ではタブーとされてきたものです。しかし、好みの音楽、普段食べている食べ物ほど、その人のもつ文化的背景を映し出すものはないように思います。カフェで知らない音楽を耳にしたり、演奏する人を目にしたり、知らない食べ物を味わってみたりすることは、強烈な文化的体験です。ときには、浴衣パーティーがあり、クッキーづくりのイベントがあります。誕生日にはウクレレの生演奏でバースデーソングを歌ってもらえます。浴衣を着付けてもらうこと、誕生日を祝ってもらうことなどは、生徒によっては生まれて初めてということもあります。カフェという装置によって、図書館ではタブーとされがちなモノやコトも取り入れやすくなり、生徒に降り注ぐ文化的シャワーの幅と奥行きが格段に広がりました。文化浴には、さまざまな効能があります。まず、楽しい。楽しいことは、無条件に人を元気にします。それから、経験値が上がる。誰でも、経験のないことには自信がもてません。体験したことがあれば、「コーヒー？ 豆から挽いて淹れたことがあるよ」「台湾の大根餅って美味しいよね！」「レコードっていい音だよね」と話すことができます。楽しくて、コミュニケーションのきっかけになるようなさまざまな体験を選べる学校なら、生徒たちが放っておいても来たくなる居場所になるかもしれません。

もう一つは、社会関係性の構築です。ぴっかりカフェボランティアの数は、平成29年度の1年間だけでも、のべ261人でした。生徒は、学校に居ながらにしてこれだけ多くの地域の大人と出会っています。親でも教員でもない信頼できる大人と知り合うことは、人間関係のチャンネルを増やし、生徒の社会的セーフティネットを強めます。残念ながら中退してしまった生徒でも、心配して支えてくれるボランティアさんに励まされて就職に向けて動いたり、卒業後に数ヶ月で離職しそうな生徒のSOSをいち早くキャッチして知らせてくれるボランティアさんがいたり、支援する側の私たちもまた、支えられています。

私は、本や雑誌、インターネットも、時空を超えた人と出会えるメディアという意味において、むしろ人の代用メディアと捉えることも可能だと考えています。人がもつ情報は限りなく多様で、学校図書館に来る生徒も教職員も、若者支援者もボランティアも、それぞれがものすごい質量の情報を携えたメディア（人メディア）と言えます。カフェという方法によって、ぴっかり図書館の人メディアが爆発的に増えました。従来から学校図書館にあったメディアの中でも特に人メディアが増えたこと、これが、教えない情報リテラシー教育のための環境がとてつもなく豊かになった最大の要因だと考えています。

さて、みなさんの疑問は解けましたか？　学校図書館でカフェを開くのは、学校教育を充実させるために、ひいては生徒が自立した市民になるために、学校図書館で行われる、情報リテラシー教育の一つの方法（それも大変有効な）だからなのです。

その他のよくある疑問にお答えします。

（1）図書館の資料が汚れるのではありませんか？

はい、確かに皆無ではありません。しかし、カフェの飲食物によって汚れる資料は予想以上に少ないです。3年半で書籍3冊が廃棄対象となりましたが、カフェがあろうとなかろうと、学校図書館として毎年700冊から1000冊は除籍するので、影響は大変小さいと言えるのではないでしょうか？ 学校図書館は、保存のための図書館とは異なる役割を担っているのです。それに、貸し出された資料は、お菓子を食べながら読んでも、コーヒーを飲みながら読んでもOKですよね？

生徒が高校生であることは大きいと思います。汚さないように気を使うことができ、万が一こぼしてもすぐに対処できるからです。たくさんの大人の目があることも、カフェ閉店後の清掃が入念なことも影響していると思います。

（2）カフェによって図書館に居られなくなる生徒がいるのではありませんか？

はい、昼休み開始直後のカフェの混み具合を見て、「人多すぎ！」と言って入ってこない生徒は確かにいます。しかし、特定の生徒が排除されていることはありません。あえて放課後の時間帯をねらってくる賢い生徒も多くいますし、カフェ以外の日の図書館でも、生徒の好みによって、座る席や時間帯が選ばれています。そもそも田奈高校は、学校そのものを居心地の良い場所にする環境づくりをしてきたので、生徒が学校図書館を逃げ場所にする必要がないのです。それでも普段からぴっかり図書館が好きで入り浸っている生徒は多種多様で、1人で来る子もグループで来る子も誰でも、場所を上手に共有しています。図書館の居心地の良さに加えて、カフェではもっと素敵なことが起こるという感覚の生徒が多いと感じます。特に、1人で来る生徒にそれが顕著です。ですから、カフェの日は、図書館にいつもいるメンバーは必ずいて、それにカフェ好きの生徒が加わるというのが実際のところです。

田奈高校に限らず、すべての児童・生徒が学校図書館を使う権利をもっています。運営する私たちは、その権利を保障しなくてはなりません。まず、児童・生徒が自ら学びたくなるような環境を整えること。そして、図書館はすべての人に開かれていて、その使い方はフレキシブルで選択可能であることを知らせること。これが、情報リテラシー教育を担う私たち学校図書館専門職の基本の仕事なのです。

カフェで交流相談をしよう！

鈴木晶子（特定非営利活動法人パノラマ理事）

行きつけの喫茶店やバーのマスターと話していたら、家庭でも職場でも話したことのない本音がついポロリと出てしまった、なんてことは昔からよくある話。人が心を開いて話をしたり、相談するのはカウンセラーなどの専門家だけではありません。家族や友人、恩師など親しい人はもちろん、喫茶店やバーの店員、理容師や美容師、マッサージ師など、ゆったりとした接客をする職業の人も世界共通の相談相手です。それも、専門家よりずっと敷居が低く、気軽に話せます。

居場所カフェでは、この「敷居の低さ」を生かして自然に相談が始まるのも一つの魅力です。本稿ではこの自然な関わりの中で行われる相談を「交流相談」と名づけ、交流相談をどう進めていくか、一緒に考えてみましょう。

「相談する」のは意外と難しい

世の中にはたくさんの相談場所がありますが、一つの課題は「なかなか相談にきてくれない」ということです。それもそのはず。「相談をする」という行為は、意外に難しいものだからです。相談が始まるまでのステップを図にまとめてみました。随分と相談が始まるまでにステップがあると思いませんか。これはあくまでも便宜的な図で、実際にはステップは混在しているものですが、ここではカフェでの交流相談がなぜ大切なのか理解するために、「相談することの難しさ」についてこの図を順に追って考えてみたいと思います。

最初のステップは、本人が「困っていると思う」です。これは特に子どもたちにとっては大人が考えている以上に難しいものです。例えば、学校に行けない子どもに大人は「何か学校で困っていることがあるの？」と理由を尋ねます。けれど、多くの子どもたちは「自分でもよく分からない」と答えます。何かしっくりこない、体がそちらに向かって動かないのだけれど、具体的に何に困っているかはよく自分でも分からない、といった感じです。

あるいは、虐待を受けてきた子どもたちと話をすると、ずっとその環境で育ってきたので、ある程度の年齢になって他の家の様子が分かるようになるまで自分の家がおかしいと思わなかった、つまり「それが当たり前だと思っていた」という子どもたちが多くいます。

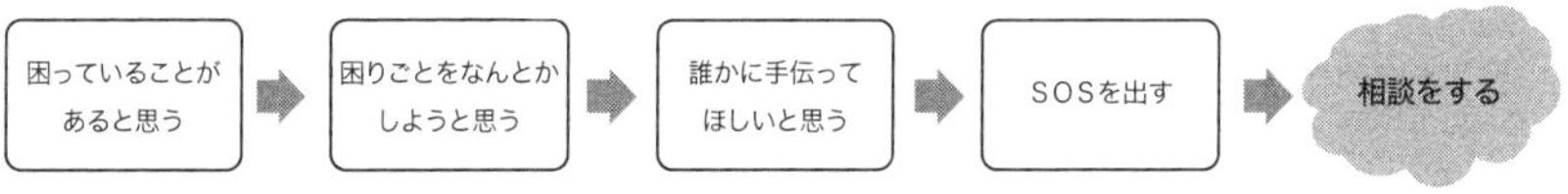

図　相談が始まるまでのステップ

殴る蹴るなどの行為は小学生くらいでもおかしいと気づくようになりますが、その他の虐待については高校生になっても、気づかないということもよくあることです。人はそれが当たり前の環境になってしまうと「困っている」という認識をもちにくいのです。また、困窮する世帯で生活していて、色々不自由があるけれど、親も頑張っているから困っているなんて思ってはいけないと暗黙のうちに感じているような場合もあるかもしれません。

次のステップは、「なんとかしようと思う」です。何かことが起こったとき、人は解決しようと思うかと言われると、そうでもありません。ずっと困っていても、解決できない状態が長く続くと、人は「なんとかしよう」という意欲を失うものです。さらに、解決できない問題がたくさん積み重なっていくと、人はあらゆることに対して主体的に取り組むことをやめてしまいます。無力感が体と心の中心に居座って、「どうせ何をやってもどうにもならないんだ」となるわけです。特に、課題集中校と呼ばれるような学校の場合、環境的に難しい中で育ってきた子どもたちがたくさんいますから、何もかもあきらめてしまっている児童・生徒がいたとしても、それはごく自然なことなのです。

三番めのステップは、「誰かに助けてほしいと思う」です。人は何か困りごとを解決しようと思ったときに、少なからず自力でなんとかしようとするものです。自分でなんとかできるだろうという感覚があり、実際自力でなんとかなる場合もありますし、そうではないこともあります。人に頼ってはいけないのだ、と思っている人もいますし、人間不信で人に頼りたくない人もいます。ほとんど人に助けてもらったことがないので、「助けてほしいと思う」という思考回路自体がない場合もあります。あるいは、人に情けない姿を知られたくない、とか、人に頼ると自分が惨めになる、という感覚は多くの人が抱くものです。

さらに次のステップは「ＳＯＳを出す」です。ここから最後の「ＳＯＳをキャッチする人がいて相談になる」に行くためには、大きなハードルがいくつもあります。適切な形で、適切な相手にＳＯＳを出すのは案外難しいものなのです。助けてほしいと思っていたとしても、ＳＯＳを出さないこともあります。誰かに助けてもらったことがないので、助けてもらう期待を実際にはもてない、という子どもたちはたくさんいます。大人は口だけで信用ならないと思っている子どもたちもたくさんいます。

また、どうＳＯＳを発していいか分からないので出さない、という子どもたちもいます。さらに、ＳＯＳを出していたとしても、子どもたちが意識的・無意識的に発するＳＯＳはそれほど分かりやすいものではないというのも大きなポイントです。「友だちとの関係で悩んでいて、気持ちが塞ぎ込むので、スクール・カウンセラーと話がしたい」「家庭が貧しくて暮らしに困っているのでスクール・ソーシャルワーカーと話をしたいです」といったような具合に、誰に何を相談したいのか明確にＳＯＳを出せる子どものほうが珍しいくらいです。実際には、なんとなく「かまってオーラ」を出してみたり、聞いてほしくて少しほのめかしてみたり、大人からみると「問題行動」として出てきたり、と実に多彩なＳＯＳの出し方をするものです。

さらに、その人の周りにＳＯＳを出して大丈夫と思える人がいるかどうか、というのも大きな問題となります。多くの場合、子どもたちはまず友人を頼るものでしょう。けれども、相談できる友人がいなかったり、子どもたちだけで解決できないときに、他に誰かＳＯＳを出せたり、あるいは上手ではない微弱なＳＯＳをキャッチしてくれる大人がいるかどうか、そのことが相談になるまでの最後の大きな問題となります。

こうして考えてみると、ＳＯＳが「相談ニーズ」として分かりやすく出てくるのは実はとても難しいことが分かります。困りごとは、相談への「潜在的なニーズ」のまま表に出てこないことがとても多いのです。そこで可能性を秘めているのが、居場所カフェでの交流相談です。

例えば、カフェで子どもたちが家庭や学校での話をしてくれたとき、本人は何気なく話したことに、大人が「あれ」と違和感をもつことがあります。そんなとき、「それって大変じゃない？」と一言かけた声が「今の状況って、もしかして大変かもしれない」「もしかしたら何となく苦しいのはこのことに困っているからかもしれない」と感じるきっかけになるかもしれません。こうなると相談へのステップが一つ進んだことになります。交流相談は、カフェという日常の中で、こうやって相談や困りごとの解決への道を自然に一歩一歩進めていく可能性をもっているのです。

交流相談、その前に

早速、交流相談で何ができるのか、何をすべきなのか、お話ししていきたいところですが、その前に交流相談が「相談」としてその良さを発揮するためにはいくつかの大事なことがあります。まずは、それを押さえておきましょう。

一番基本となる大事な点は日常的な関わりの中で信頼できる大人になる、という点です。「相談」というと何だか身構えてしまいますが、身構えると逆に交流相談にならないばかりか、カフェが居場所にならなくなってしまいます。まずは居場所での日常的な関わりを大切にしていく中で、楽しいことも、困ったことも色々話してみようと思われる大人になることが大切です。「相談してあげよう」「解決してあげよう」というような押しつけがましい空気を感じると、子どもたちは寄ってきません。人間関係は相互的なものです。まずは、自分自身も心を開いて、子どもたちとの居場所カフェでの時間を楽しんでみましょう。

二つめは困りごとを発見した人が解決してあげようと勇み足にならないことです。カフェでの会話の中で、困りごとはさまざまな形で出てきます。前述のように本人は困りごとだと思っていない様子だけれども、聞き手の方は違和感がある、という形で出てくることもあります。本人が「困っている」「どうしたら良いと思う」などとは言わないけれども、会話の端々から困っている様子が見て取れる場合もあります。もちろん、困りごととして

「どうしたら良いと思う?」と相談として出てくることもあるでしょう。ですが、いずれの場合であっても、よほど緊急の事態を発見した場合以外はまずは焦らず話を聞いてみることです。無理に聞き出そうとするのも禁物です。なお、緊急事態とは、家がない、今日食べるものがない、今すぐ病院に行かなければならないような心身の状態である、暴力・搾取などの被害にあっていて今すぐ逃げることが必要、といったような場合です。ただし、その場合でも1人で判断しないで本人の意思を尊重しながらカフェの責任者とともに、学校側と相談して対応していくことが必要です。

三つめは、1人で抱え込まず解決に向けて居場所カフェの他のメンバーや学校、地域に開かれた状態であることです。居場所カフェは問題を解決する場ではありません。もちろん、私たちの日常と同じように、カフェでの日常の会話の流れの中で相談になり、比較的深刻度が低い困りごとの場合にはそのまま1人の大人としてアドバイスをするということはあるでしょう。ですが、基本的には子どもたちの困りごとが顕在化したときには、適切な人や場所につないでいくことが基本です。そもそも、虐待や家庭の事情など深刻な事情を大勢の人がいるカフェの場で話し続けるのは適切ではありませんよね。1人で抱えるのではなく、困りごとを発見したらどう必要な人につないでいこうか、居場所カフェのメンバーみんなで検討するようにしていきましょう。

四つめは、困りごとを解決するのはいつも本人だということを理解しておくことです。私たちは何か困っている人を見つけたとき、特にその人が自分より年齢や立場が下である場合には、助言をしたくなるものです。そして、厄介なことに、助言をすると、その解決法を実行させたいと思うのが人情のようです。そのために押しつけがましくなったり、ときには実行してくれないと怒り出す人まで出現します。しかし、困りごとを解決するのはあくまでも本人です。いつ、どのように解決への道を歩み出すのかは、本人が決めることです。私たちにできるのは、選択肢を一つ、あるいは複数示すことと、話を聴くこと、そして見守ることだけです。

交流相談の可能性

ここまで読んできた読者の方は「それでは、いったい交流相談では何ができるの？」と疑問にお思いになるかもしれません。しかし、専門家や専門機関の相談が果たすことのできない役割を果たす可能性を交流相談はもっています。

大人との信頼関係は困りごとの解決に向けた重要な土台です。何か話しを始めなければ、困りごとは潜在化したままです。カフェで出会って信頼できる大人がいるからこそ、さまざまなことを話し出すものです。それは専門家にはなかなかしない雑多な日常会話だからこそ、その中に困りごと、つまり潜在的な相談ニーズが眠っているのです。それに子どもたちと一緒に気づいて、困りごととして顕在化するのが交流相談の役割です。専門家や専門機関は困りごとが顕在化し、その困りごとを解決するための人や場所がどこにあるのか知っている人しかつながることができないものです。カフェは、日常生活の中で自然につながることができるからこそ、困りごとを顕在化し、必要な人や場所がどこにあるのか伝えることができる場所です。

信頼関係はもう一つ重要な役割をもっています。残念ながら、大人に信頼感や期待感をもてずにいる子どもたちがたくさんいます。そうした子どもたちは、困りごとがあっても大人を頼ろうとしません。居場所カフェで大人との間に貯めた「信頼貯金」は、困りごとを本人が認識したときに、大人を頼ってみよう、SOSを出してみようと思うために重要なものです。これは、今だけでなく、将来も、誰かを頼ってみようと思える期待感の源泉になるものです。この信頼関係をもとに、適切な専門家や専門機関にも頼ってみようと思ってくれる可能性があるのです。1人の大人と築いた信頼関係は、次の大人への期待感へとつながります。こうした大人全般への信頼感や期待感の醸成も大きな役割になります。

もう一つ、カフェだからこそ気軽に帰ってこられる場所になれるということも大きな点です。人は解決に向けて動き出したからといって、効率よく困りごとを解決していけるものではありません。助言を受けながら、自分なりに考え、行動し、ときに失敗し、別の方法を考え、と試行錯誤しながら進むものです。失敗したとき、立ち止まってしまったとき、うまくいったとき、どんなときにも気軽にカフェにやってきて経過を話すことができるのが交流相談の良いところです。適度な距離の見守りと言い換えてもよいかもしれません。

さらに、カフェに地域の大人が入っていることで、この関係は卒業後も続けることができるかもしれません。卒業してからも、カフェに来ていた地域の大人を頼って会いにいくことができる、カフェにはそんな将来への仕掛けも潜んでいるのです。

居場所カフェは2・5プレイス？

このように交流相談は、子どもたちの潜在的相談ニーズを顕在化させる役割と、ニーズが顕在化した後に解決につながる人・場所へつなげる地域への橋渡しとしての役割を果たすことができるのです。そして、その橋渡しは卒業後の支えにもなっていきます。

そう考えると、居場所カフェは学校内にあるサードプレイスであるようで、実は地域の中のサードプレイスへの橋渡しをするセカンドプレイスとサードプレイスの間、言ってみれば2・5プレイスなのかもしれません。その立ち位置をよく意識しながら、ぜひ楽しんで交流相談をすすめていきましょう。

カフェで高校生が変わる

浜崎美保（帝京平成大学教授）

奈津美のこと

「やった！ 今日のお菓子はパウンドケーキがある」。カフェに来た生徒は、お気に入りのジュースを注いでもらい、美味しそうなお菓子をゲットすると弾けるような笑顔を見せます。コーラ、オレンジジュース、クッキー、ケーキ…、高校の居場所カフェは無料で堂々と、飲み物とお菓子が手に入れられる場所になっています。「無料で」というのが、やはり彼らには大きいのでしょう。多くの高校生のカフェへの初めの一歩は、無料の飲み物とお菓子に誘われてなのかもしれません。

1年生の奈津美もその1人でした。お昼休みのお弁当を食べたあとの時間に、冷やかし半分、コーラをもらおうと友達と一緒にやってきました。カフェの様子を覗き込み、入ってきて紙コップに名前を書いた後に尋ねます。「ここって何でも頼んでいいの？」「そうだよ」。すると奈津美は答えてくれたカフェのマスターに紙コップを投げつけて、大声で「コーラ」と言い捨てました。完全に上から目線の失礼な態度です。自分はカフェの客だからという意識なのか、あるいは仲間に学校での自分の立ち位置を知らせる意味もあったのかもしれません。周りの生徒はびっくりして息を飲みました。

しかしカフェのマスターは顔色一つ変えず、怒りませんでした。「そういう言い方はないよね」と優しく諭しながら、奈津美の紙コップにコーラをいっぱいに注いで手渡してやりました。奈津美はちょっと拍子抜けしたような気分でした。それまでに奈津美の知っている大人は、こんなときには「何やってるんだ！」と怒鳴る人たちでしたから。

奈津美はその後、ときどきカフェにやってくるようになりました。来ると大声でジュースを頼み、1人2個までと決まっているお菓子を5、6個まとめて取ってしまいます。そんな奈津美の様子を、眉をしかめて見ている生徒もいますが、奈津美は気にする様子はありません。マスターやボランティアさんは、奈津美に丁寧に「それはやめようね」と話します。「分かった～」と言いながら、また次のときも同じようにお菓子をたくさん取ってしまいます。何回かそんなことが続き、まるでそれは、幼い子どもが大人の反応を確かめているかのようでした。

ある日、カフェのボランティアの向井さんが他の生徒とオセロゲームをしているのを見て、奈津美は「私もやりたい、オセロは得意なんだ」と言い出します。向井さんにとってもお得意のゲームです。他の生徒に対するのと同じように、手加減はありません。最初のほうは友達とおしゃべりしながらゲームをしていた奈津美は、だんだん真剣な様子になっていきます。「え、ちょっと待って」「ヤバい」。結局コテンパンに負けてしまいました。「え〜、マジ悔しい。向井さんって強いんだね。また来週やりたい」。

こうして奈津美は、カフェに毎週来るようになったのです。来ると、大きな声でわが物顔にふるまうのは相変わらずですが、向井さんや他のボランティアさんとも仲良くなり、笑顔を見せることが多くなりました。そしてある日、放課後のカフェの終わるころに、ボランティアさんがゴミ袋をまとめようとするのを見て、奈津美は「私が帰りにゴミ出すから、その袋もっていくよ」と声をかけたのです。大丈夫だからというボランティアさんの手からゴミ袋をひったくるように取って、奈津美はにっこりしました。奈津美の担任の木村先生は、彼女が帰りにカフェのゴミを捨てに行った話を、後でマスターから聞いてびっくりしました。奈津美はいつも教室の掃除をサボって逃げてしまう生徒だったからです。でもそういえば、木村先生への態度も、最初の頃は刺々《とげとげ》しい言葉使いだったのですが、だんだん柔らかくなってきているなあと感じました。

しかし奈津美は、授業中の教室では、相変わらずなかなか居場所を見つけられない様子でした。授業の内容は彼女にとっては難しくて参加できないのです。でもおしゃべりしないでじっと座っていなければなりません。注意されるとイライラして先生に乱暴な言葉使いをしたり、教室を出て行ってしまったりすることもありました。自分が悪いと思っても教室ではなかなか素直になれないのかもしれません。でもカフェで向井さんとオセロをしているときや、マスターと話しているときは、奈津美は和やかな表情で素直になっています。ポツリポツリと自分の話をすることもあります。勉強が嫌いだったので、高校は行こうかどうしようか迷ったこと。でも母親にどうしても高校は出たほうがいいと言われて、この高校に来たこと。でもやっぱり授業は難しくて、このまま卒業までいけるのかどうか自信がないこと。そんな奈津美のつぶやきを向井さんが受け止めていると、奈津美は照れ隠しなのか「ま～ね、私はきっと何とかなるけどね」と切り上げて、また飲み物をもらいに行くのです。

ぼっち

多くの高校生にとって、教室は学びの場であるとともに、休み時間は友達と楽しく過ごせる居場所になっています。しかし何らかの原因で友達とうまくいかなくなってしまうと、教室は、居るのが辛い場所になります。2年生のあさみは最近、教室では1人で過ごしています。わがままなところがあり、友達にきついことも言ってしまうあさみは、何度か友達とケンカした後、教室の中で入れるグループがなくなってしまったのです。お昼ご飯も1人で食べるようになりました。あさみは、1年生のときは、カフェにはよく来るけど、ボランティアさんと話すことはあまりありませんでした。紙コップに名前を書いて、飲み物をもらうと、友達と一緒にボランティアさんたちとは離れた位置で過ごすのがあさみのパターンでした。2年生になり、教室で友達と過ごせなくなってから、カフェには1人で来るようになりましたが、なかなかボランティアさんとは話そうとしません。でもその日は、初めて参加した学生ボランティアの清水さんが、慣れない手つきでジュースを注いでくれるのに笑って「初めて来たの？」と会話が始まりました。少し話をしていると、好きなアーティストが一緒なのが分かり、思わず声が大きくなります。「私はこの曲が好きなんだよね」「今度、コンサート行くんだ」と盛り上がっていると、やはりそのアーティストが好きな3年生が、会話に入ってきました。「あ〜、話せて楽しかった。こんなにたくさんしゃべったのって、いつ以来だろう」。

友達とトラブルになり、教室に居場所を失った生徒が、学校を去っていくことは少なくありません。高校生活で友達の存在は絶対に欠かせないものであり、集団の中に1人でいる「ぼっち」は、高校生にとって何より辛いものだからです。そんなときに、他の居場所があれば、1人でも話せる人がいれば、退学せずに何とかやっていけることもあります。あさみはその後、カフェでその3年生の先輩と話すようになり、その先輩からつながって、2年生の新しい友達ができました。清水さんに「今度は失敗しちゃダメだよ」と言われて、あさみは「分かってる」とニッコリしました。

浴衣パーティ

カフェでおしゃべりをしていたら、その日が誕生日だというのが分かって、マスターや周りの生徒にハッピーバースデーの歌を歌ってもらった宏美は、ものすごく喜んで「私、初めて誕生日を祝ってもらった」と言いました。夏休み前のカフェでは、市販のカレールーを使い、肉や野菜をいっぱい入れて、普通の家庭でつくるように、カレーをみんなでつくって食べる機会がありますが、「家ではこうやってカレーをつくって食べたことがないよ、このカレーはすごくおいしいよ」と大輔は言います。家庭で保護者が忙しいことによるのでしょうか、普通は経験をしているだろうことを経験せずにきている生徒は少なくありません。カフェでは、そのようなことを自然な形で経験できるイベントがいろいろ用意されています。

夏の浴衣パーティは、やはり今まではなかなか浴衣を着る経験のなかった生徒が浴衣を楽しむことができる機会です。「私は別に着なくていいよ」。去年はそう言って浴衣パーティに距離を置いていた2年生の結衣は、「今年は着てみようかな」と言います。お母さんが忙しくて、保育園に通っている4歳の妹の面倒をいつも見ている結衣は、自分のやりたい、いろんなことをいつも我慢して、一歩引くことに慣れているのかもしれません。でも1年生のときからカフェの常連で、いろいろなボランティアの人と話しているうちに、今

浴衣パーティは夏の一大イベント。

年の浴衣パーティは、自分も浴衣を着たいと言っていいような気がしてきたのです。ボランティアさんに「いいんじゃない」と言われ、寄付の浴衣が集まり始めると、結衣はワクワクしてきました。「この水色の浴衣に、黄色の帯がいいかなあ」「その色、結衣ちゃんに似合いそうだね」。

当日は、授業が終わると真っ先にカフェにやってきました。希望していた水色の浴衣に初めて手を通します。着付けのボランティアさんが、黄色の帯をきりりと締めてくれました。次は髪の毛です。美容師のボランティアさんが、手際よくアップにして髪留めを付けてくれました。鏡の中の自分は普段とは別人のようです。「わ~、結衣ちゃん、すごくよく似合うよ」。やはり浴衣を着た友達に言われてニッコリすると、何枚も一緒に写真を撮りました。カフェで飲み物をもらって、校内をちょっと散歩すると、クラスの友達や先生にも、声をかけられました。「誰だか分からなかったよ。かわいいね」「よく似合ってるよ」。そのたびに結衣はちょっと照れくさそうに「ありがとう」と返します。次のカフェでは、「お母さんと妹にも写真を見せたら、とっても可愛いって言われたんだ」と嬉しそうに話していました。

結衣は浴衣パーティをきっかけにして、他のことに対しても、少しずつ積極的になっていきました。「私、今年の文化祭では、有志でダンスを踊りたいって思うんだよね」。

カフェが高校生にもたらすもの

楽しそうに話しているように見えながら、友人関係に気を使って、1人ぼっちにならないように気を付けているというのが、今の高校生の姿かもしれません。それに加えて、家庭の経済的な状況からやむを得ずアルバイトをしていたり、親の忙しさから幼い兄弟の面倒を見ていたりする生徒も少なくありません。彼らは屈託のない、明るい笑顔の陰にさまざまなものを隠しているのです。

そんな高校生にとって、高校内カフェで過ごす時間は、学校の中で、ちょっとホッとできる時間なのでしょう。多くの生徒は、そこで、親や先生と違う、自分を評価しない大人と初めて出会うことになります。生徒は、初めの頃は警戒して様子をうかがっていますが、マスターやボランティアさんに飲み物を注いでもらって、ちょっと話すようになり、しだいに仲良くなる中で、いろいろな話をするようになります。

勉強ができない、スポーツが苦手、容姿が自分の理想と離れている等々、さまざまなことで自分に自信をもてない高校生はたくさんいます。自分が話すことなんてつまらないとか、価値がないと思っている彼らにとって、聞いてもらって、「そうなんだ」と受け止めてもらうことは、今まで評価されてこなかった自分自身を認めてもらうことにつながります。飲み物とお菓子が楽しみだったカフェは、ボランティアさんとおしゃべりすることが楽しみなカフェへと変わっていき、生徒はカフェの日を心待ちにするようになります。そして、受け止めてもらったとか、自分自身を認めてもらったと感じることは、彼らの自信になり、今までしり込みしていたことにチャレンジしていく力になるのです。

また高校生が抱える悩みの中には、相談して解決してほしいというところまではいかないけれども、誰かにちょっと聞いてほしいというような小さな悩みもあります。それをカフェで出会うボランティアさんに吐き出して安心することもあるのです。

さらにときには、抱えていた大きな悩みを、カフェでちょっと漏らしたところから、本格的な相談につながることもあります。特に家庭の経済的な問題などは、なかなか先生や友達に話すことは難しく、困っていても我慢してしまうことが多いようです。そんなときは、カフェの大人や高校の先生たちがサポートに入り、外部の相談機関につながることもあります。カフェは、高校生の困っていることをキャッチできる場所にもなっているのです。高校では、誰にも相談できずに、しだいに学校から足が遠のき、やがて退学していってしまう生徒もいます。カフェに関わる大人たちは、そのような生徒を1人でも少なくしたいと思っています。

そうやって支えてもらった経験から、高校を卒業した後や、残念ながら中退してしまった後にも、カフェに遊びに来る高校生がたくさんいます。「今日、向井さんいる?」。久しぶりに顔を出すと、ボランティアさんに今の仕事の愚痴をちょっと話し、また受け止めてもらって、少し元気になって帰っていきます。カフェで培った大人への信頼感や、誰かに話してみる経験は、社会に出たときに、彼らの財産になっているのです。

＊注：名前はすべて仮名で、事例は特定されないように改変しています。

高等学校と校内居場所カフェ
——高等学校の組織文化への気づき

中田正敏（かながわ生徒・若者支援センター共同代表）

はじめに

２０１８年の６月、「かながわ生徒・若者支援センター」主催で「第１回カフェ・サミット」を実施しました。そのときには県内の公立高校のカフェ設置校９校のカフェ・マスターが「サミット」の構成員として集まり、カフェの課題や意義などを語り合いました。会場には予想をはるかに超える約１２０人の参加があり、大変な盛り上がりを見せました。参加者がＮＰＯ関係者、高等学校関係者、行政関係者、ＳＳＷなどの支援者、大学関係者など広範な職種にわたっていたことも予想を超えたものでした。今年に入り、カフェのある公立高校はさらに着実に増えつつあります。こうした動きは数年前には予想ができなかったものです。

高等学校の現場では、居場所カフェは今までは存在していなかったものということもあり、新しいものへの期待感もありますが、それはまだ漠然としたものかもしれません。同時に、その異質さに戸惑いや違和感もあると思います。

本稿では、高等学校の教職現場で支援教育を推進してきた立場も踏まえつつ、高校の組織文化との関係で、高校内居場所カフェの可能性を考えてみたいと思います。

学校とNPOの双方向からの接近

高等学校にはさまざまな困難を抱えた生徒がいます。その生徒たちの教育に当たる教職員はさまざまな機会を通じて、例えば、授業中に廊下に座り込んでいる生徒と接したり、あるいは問題行動を起こした生徒を指導したり、あるいは将来について進路相談をしたりしているとき、生徒と対話をしているうちに生徒の背後に潜んでいた困難な生活環境を把握することがあります。

その解決のためには本人の個人的な頑張りを期待し、励ますだけではとうてい無理である局面に出会うことがあります。本人と共にどうしたらよいのかを話し合っていく中で、これまでの高校組織の枠組みでは不十分であることが分かり、新しい枠組みをつくっていく必要性を感じることがあります。

ある高等学校は、生徒の学習を支援するために、学習相談の実施や放課後のゼミを開催し、また対話を重視して本人の主体性を引き出す生徒支援の体制をつくる取り組みをしました。その結果、退学者が減り、多くの生徒が卒業に辿り着くことができるようになりました。しかし、卒業後進路が決まらない生徒が減らないという現実に接して、高等学校内に在校生や卒業した生徒、中退した生徒に対応できるハローワーク的な機能をもつキャリア支援センターをつくる試みを始めることになりました。このような学習支援、生徒支援、キャリア支援の一連のプロセスを実践する中ではっきりとしてきたことがあります。それは、このような新しい枠組みの取り組みを現在の学校の教職員のみで遂行することが可能かという問題です。現実としては、そこまではできないという限界があります。

また、別の高等学校は、問題行動を繰り返すタイプの生徒には手厚い支援をして解決モデルができていくのですが、そのような取り組みをしていく中で問題行動は起こしてはいないものの、貧困や外国につながる生徒、発達障害などの多くの困難を抱えた生徒がいることに気がついてきました。それらの生徒が存在していることは確認できるのですが、ここまでの取り組みで努力は限界に達していて、そこから先には踏み込みたくても踏み込めないというところで立ち止まらざるを得ないことになりました。

さまざまな諸課題は気づかれていても、現在の高等学校組織内の諸資源では解決できないことも多く、肝心のところで立ち止まらざるを得ない局面があります。こうした局面の認識はかなりの程度の「のめり込み」があることによって得られます。よく、そこまでやる必要があるのか、という言い方も出てくることがありますが、そこまでやるしかないのだが、そこから先には学校組織だけでは行けないことが明確に認識される局面があるということです。

一方、地域でひきこもりの支援などを展開しているNPOなどの支援機関のスタッフは、中退した生徒や卒業した生徒は本人が相談に来れば対応できますが、深刻な困難を抱えた人ほどそれはむつかしいという側面があり、早めにその人と接点をもつ機会を得る必要性を感じていました。必要性はあるのですが、その場をつくることは至難の技であり、その意味ではそこで停滞せざるを得ない局面があるということができると思います。

しかし、こうした学校側とNPO側の双方の限界を何とか突破したいというニーズが、相互に発信し合う中でさまざまな契機を通して出会うことで、NPOが活動の場を高等学校内に設けること、そして、高等学校も課題解決の連携のパートナーを見つけることが可能となりました。これが、高等学校とNPOの連携事業の始まりであり、その連携の一つとして居場所カフェが生まれる契機となりました。

居場所カフェでは何が起っているのか

居場所カフェとはどういうところなのか、そこでは何が起っているのでしょうか。

そこを訪れると生徒たちがカフェ・マスターやスタッフから受け取った注文した飲み物

を飲んだり、食べ物を食べています。そこが校内の部屋であり、図書館であることもありますが、ここまででも、間違いなくこれまでにない風景です。そして、最初は、飲み食いの場であるようにしか見えないかもしれませんが、しばらく見ていると、そこは開放的（オープン）な雰囲気で生徒たちは飲み物や食べ物を手にしながら安心した顔をして、いろいろな形でお互いに話をしたり、ゲームをしたり、一緒に音楽を聴いたりしてコミュニケーションをしていることに気づきます。少し逸脱した行動をする生徒もいますが、それは一時的なことで、やがては一定の規範に基づいて多様な活動をしています。カフェに入るのに条件はなく、誰でも無条件で安心してそこに居られます。1人でその雰囲気に浸って、本を読んでいることもできますし、初めはあまり知らない人であったNPOのカフェ・マスターやボランティアのスタッフとも、飲み物や食べ物を注文することをきっかけとしてコミュニケーションが始まり、次第に話が盛り上がることもあります。そのような雰囲気の中で、お互いにまだ知らない生徒のあいだでもコミュニケーションが始まり、ときには、一緒にゲームをグループで始めることもあります。最初の状態が固定化されずに次第に変化していくことが見てとれます。

また、カフェへの参加の仕方も極めて多様です。グループで入ってくるタイプの生徒もいるし、1人で駆け込んでくる生徒もいます。コミュニケーションが苦手な生徒で最初は入り口付近に立っているだけだったのですが、回数を重ねるたびに次第にカフェの中心部に接近するなど、いろいろな意味合いで多様性が自然に認められている場になっています。

役割分担も柔軟性に富んでいます。「お客さん」であった生徒がカウンターの中で仕事を手伝うこともありますし、ボランティアの人の悩みを生徒が聴くこともありあり、カフェが終わるときにはみんなが手伝う場面もあります。こうした意味で、立ち位置も変化する、柔軟性に富む場となっています。

食べたり飲んだりしているという一面はありますが、それだけではありません。それを媒介として、生徒たちはそれぞれの方法で「常連客」となり、そこに多様なコミュニケーションや柔軟な立ち位置のとり方が生まれていることに着目するべきです。

学校文化のあり方への示唆

このような校内居場所カフェという空間からは、高等学校の現場はどのように見えるのでしょうか？　先生と生徒というかなり固定した分業関係があるという側面、固定化したルーティンの繰り返しという側面が見えてくるかもしれません。規範も一方的に成立するのみで、あらゆる行動は統制されているという側面も気になってくるかもしれません。少なくとも、さまざまな問題を抱える高校の現場として、視点を変えて現在の考え方を振り返る契機の一つになることは間違いないと思います。

逆に、これまでの学校組織文化からカフェを見るとどのように見えるのでしょうか？　役割が決まっていないし統制がとれていない場というように見えるかもしれません。食べたり飲んだりしているという一面が気になるかもしれませんが、それだけではありません。それを媒介として、今までの学校にはない多様なコミュニケーションが生まれていることに気がつくかもしれません。

この高等学校内に生成した「異空間」をどのように考えたらよいでしょうか？　あるいは、これを何かの萌芽として育むべきなのでしょうか。

これからの学校組織文化について、学校はこれまで生徒1人ひとりはそれぞれが分離して活動するという枠組みが主流でしたが、ここから離脱して、学校内にある種の共同体が構築されるべきであるという理論★1があります。それは四つの要素で構成されています。一番目は、学校がみんなの居場所であることで、1人ひとりが安全で、けっして排除されないこと、何かの条件付きで参加できる場ではなく、無条件ですでに参加できていることに価値が見出されていることです。二番目は、開かれたコミュニケーションがあること、対話的な関係性があること、共通言語が存在していることです。双方向に開かれたコミュニケーションがあり、それがさまざまな結びつきを生み出していることです。三番目は、ルールが参加者により共同で構成されていることです。ルールを共につくることで秩序が保たれています。当然、いろいろな事態が起こりますが、敏感にルールづくり、規範の形成が進められていることです。最後に四番目ですが、競争が支配する場ではなく、つまり、そこでは、順位が示されてランク付けされたりする場ではなく、協同的な活動が行われていることです。

★1
Sapon-Shevin, Mara. (2007) *Widening the circle: The Power of Inclusive Classrooms*. Beacon Press.

これらの要素は、先に見た校内居場所カフェのさまざまな側面と共通点がかなりあります。

最近、「学校づくり」とか「学級づくり」という言葉が使われることがよくありますが、それらの中には、すでに述べたようなレベルで考察されていない場合もあるのが気になるところです。

また、最近、高等学校にはなぜ子どもの貧困が見えないのか、という問題提起★2があります。学校には、「指導の万能性」という組織文化があり、「適切に指導すれば、子どもの行動や学力が改善するはずだ」という考え方、また、機械的平等原理の最優先の組織文化があり、「特定の子どもを特別扱いしない」という考え方、「平等に処遇することが一番良い」という考え方があることなどが指摘されています。旧態依然とした高等学校の組織文化には、「変えられる部分が、変わらないのは、本人の努力不足である」とする個体論的なものの見方が根深く存在していると思います。

高等学校内に生まれた、これまでにはなかった居場所カフェという空間に注目することによって、こうした根深い組織文化から離脱して、対話的でコミュニケーションを大事にする学校組織文化の創造への示唆に気づくことができると思います。

例えば、貧困はなぜ見えないのか、という問題提起に関しては、先に述べた共同体論のコミュニケーションやルールづくりが示唆的で、話しやすい雰囲気の場ではふっとした形で話ができることがあります。そして、対話の中から次第に可視化されるものがあります。

★2
末冨芳（2016）「子どもの貧困対策のプラットフォームとしての学校の役割」『日本大学人文科学研究所紀要』第91号

対話を軽視する組織文化はこうした潜在的なものを見えなくさせる機能があることに、あらためて気づくことにもなると思います。こうしたことに気づかないまま旧態依然とした教育活動を展開しても、いかなる問題の解決のプロセスにも結びつかず、空回りするだけになることは必然的なことです。

さまざまな可能性

居場所カフェは高等学校のある必要性に基づく動きとNPOのある必要性に基づく動きが結びつくことで生み出されました。そして、その一環として生まれた高等学校内居場所カフェは、ある意味では、高等学校の動きの限界の先に生まれたという経緯から、これまでにないような異空間として存在しています。さらに、それは高等学校の組織文化を振り返る契機を提供していることについて述べてきました。

これから先の展望について最後に述べたいと思います。

高校内居場所カフェが安心して話ができるという環境は、生徒にとっては話したいことや相談したいと思っていたことを誰かに話せることを可能にします。カフェのスタッフがさまざまな相談を受けることもあります。相談の場を機械的につくっておいても、そこに来るために相談の決意ができない生徒はめったに来ることはありませんが、居場所カフェの独特の雰囲気は生徒を自分のことを話してみようとするコミュニケーションの主体にします。

このような転換を指導するということではなく、自然に生み出すところにもカフェの力があると思います。

また、その日に居場所カフェで起こったことや生徒とのコミュニケーションなどについて、カフェ・マスターとボランティアのスタッフが集まり、振り返りの活動をします。そこに、スクールカウンセラー、スクールソーシャルワーカーが加わり、教職員も参加する可能性があります。現在でも、こうした動きは、それは少しずつかもしれませんが、多様な形で実際に生まれつつあります。

これらのさまざまな立場の人たち、異なる職種の人たちは異なる生徒像をもっています。このような人たちがミーティングの機会をもち、異なる立場の人たちとコミュニケーションの機会が比較的自然にもてるのも居場所カフェの可能性の一つです。そこで、これまでそれぞれの人たちがもっていた生徒像が変化し、生徒への対応も変化していく契機になると思います。

これまでの高等学校の教職員にとって、「外部の人」に生徒を託すことは極めて苦手な領域に属していました。NPO組織にもそのような領域があるかもしれません。生徒は必ずしも期待通りのことができるとは限りませんし、困難を抱えている生徒の行動は予測がうまくできないこともあります。担当する生徒が「外部の人」にお任せして失敗したとき、そのお世話になった方に「せっかく面倒を見ていただいたのに、ご迷惑をかけて申し訳ありません」という謝罪をすることとなります。確かに、面倒とは「解決や処理をするのに手数がかかってわずらわしいと思われること」ですし、「他からの助力（援助）が必要となって、相手に負担をかける結果となること」（『新明解国語辞典』）です。しかし、互いに抱え込むことなく、お任せに陥ることとなくお互いに適切に依存する関係性を保ち、一定の経験を積み重ねることで、高等学校もＮＰＯ組織もそれぞれの苦手領域を乗り越えることができると思います。

「お互いさま」という言葉がありますが、次のような場面で使われることが多いようです。「こちらも同じ立場なのだから、そんなに自分に感謝したり謝罪したりする必要は無いという気持ちを表すのに用いられる」（『新明解国語辞典』）。生徒の支援をするという立ち位置での高等学校とＮＰＯ組織のあいだにもさらに対話的な関係性が構築されることで、両者の連携の次のブレイクスルーの可能性があると考えます。

第4章

座談会・居場所カフェはなぜ必要か？

石井正宏◉特定非営利活動法人パノラマ代表理事

田中俊英◉一般社団法人officeドーナツトーク代表

はじめに——居場所ってなんだろう

末冨 座談会を始めるにあたって、そもそも居場所ってなんですか？ みたいな話があると分かりやすいですよね。サードプレイスでもあるんだけど、卒業後も中退してもつながれるという意味では、しんどい子たちがもっていない家や親戚みたいなのにも近い。居場所って、別の言葉で言うとなんでしょう。

石井 フリースペースっていうのがもともと僕たちが使ってきた言葉で、それがどういうわけか居場所っていう言葉に流れで変わってきたんだよね。他人の価値を押しつけられない自由があって、しゃべらなくてもいい、ただそこにいればいい。学校との違いでいえば、いつ行ってもいいし、いつ帰ってもいい。参加と抜けていく自由が保障されている。そしてそこで、ゆるやかな成長があるっていうことかな。

日本の学校は構えが固い――海外の事例との比較

田中　ボランティアさんはみんな、居場所カフェは居心地がいいと言うんですが、学校の先生からするとその雰囲気が、サボリの場のように感じられるみたいなんです。

末冨　教育学者の私から見て、日本の学校は、他国と比較して構えが固いと感じます。最近話を聞いていいなと思ったのは、韓国の学校で、おやつの時間があるんですよ。先生が生徒におやつを配るんですが、ときどきカップラーメンを買ってきて、おうちで食べる物がなさそうな子たちに配ったりもするそうです。学校でおやつを食べちゃ駄目みたいなルールって、韓国のほうがあるんじゃないかと勝手に思っていたら、意外にそんなことはなくて、びっくりしたんですね。学校であれしちゃ駄目、これしちゃ駄目のルールでずっとやってきたので、日本の教員は構えが固すぎるんですよ。で、学校の中にカフェを入れると、どうしても異分子と付き合わなきゃいけなくなる。皆さん方のことを異分子呼ばわりしてあれなんですけど。でもそのような体験が構えを崩すことになるんですね。

スウェーデンの中学校に行ったときに、学校の中に売店みたいな、カフェテリアがありました。スウェーデンは子どもの権利の国なので、お金をもってきておやつを

末冨 芳◉日本大学文理学部教育学科教授

買えるんです。その売店のお兄ちゃんがスキンヘッドで、レザージャケットに、タトゥーだらけで、しかもレザージャケットにトゲトゲが付いているんですよ。

田中　結構メタルの国なんですね、北欧は。

末冨　そうそう。でもこの人も生きづらさを抱えてここまできたんだろうけど、スウェーデンの学校はそういう人を入れるのがうまいんですね。もちろん、スウェーデンにはスウェーデンの問題があるんですけど。で、いろんなスタッフさんがメンターのトレーニングを受けていて、メタルのお兄ちゃんが自分もここでメンターをやっているんだと教えてくれて。要するにそのカフェテリアはどっちかっていうと、とがった系の子の居場所なんですよね。でも、とがってない、要するに物静かな、目立たない系の子たちはやっぱり図書室に集まったりする。図書室でも普通に、コーヒーを飲むみたいになっています。学校の中にいろんな人がいて、居場所をいろんなところにつくる仕掛けが、ヨーロッパなんかに行くとうまくいっている。

イギリスでは、いまテストを重視した進路指導が厳しくなっていて、日本の管理教育みたいになっているんですけど、それでも学校の中にコミュニティカフェがあるんです。日本の進学校には絶対にないでしょ。そういうものをとことん排除しようとする。イギリスは管理教育の学校でもコミュニティカフェがあって、いろんな人が入れるバッファみたいなエリアをちゃんとつくるんですよね。例えばですけど、ちょっと文句が多めのお母さんとかが来たときに、じゃあ、お茶でも飲みながらここでしゃべりましょう、みたいな。

硬直化した教育システムへの問いかけとしての居場所カフェ

田中　大きな目で見たら日本の教育が硬直化してきていて、不登校が13万人で固定化しているというのも関連してくると思うんですけど、もうどん詰まりにきているんですよね、それをどこかで変えていくような契機が必要だと思うんですけど。その一つの取り組みが、高校内居場所カフェなんじゃないかなと思うんです。となりカフェが始まって今年で7年目で、やっと全国的に30校ぐらいまできたのかな。これからどういうふうに拡大していくか、あるいは潰れていくかで、日本の教育、行き詰まった教育の仕組みがどう変化していくか、というのがちょっと見物かなと思うんです。

教師たちがいままで割と覇権をもって学校内を運営していたのが、この外部の者が入ってきて、教育システムを変え……まあ、これは教育システムへの問いかけなんだと分かったのが僕自身もここ数年なんですけどね。実際にやってみて何かを変えようとしているんだろうなというので、それは面白いと思ってくれる先生と、ちょっと守りに入ってしまう先生と二種類いて。で、僕らは、石井さんも僕もそうですけど、まあ見た目よりは、学校の中ではソフトなんですよね。対立はしないじゃないですか。そのへんは意識していますか？

小川杏子◉特定非営利活動法人パノラマ職員

石井　意識はしているね。まあ、現場を失うっていうことがやっぱり一番あってはいけないことだし。あと、批判的なものもあるけど、やっぱりリスペクトしている部分も当然あって、先生にしかできないことがあるなって思います。あくまで主役は先生たちであって、僕たちはそこをサポートしているんだっていうような感じ。そういうのは戦略的にというよりチームとして自然にあるかな。

若手支援者の立場から——生徒や教師との距離感

田中　先生も悩んでいるしね。我々は割とおっちゃん的なものとして、学校を温かく見守りながら、ある種、入っていっているところがあるんですね。対立はメリットはないから。でもまあ、若手2人からして、現場の最前線だと思うんですけどね。小川さんはどうですか。

小川　私、カフェの中にいるときは、支援者として入っている感覚があまりない気がします。ボランティアの方が行くと温かくもてなされるという話がよくありますけど、生徒たちがそこを崩してくる感じがあって。2年前ぐらいに私が初めて行ったあと、3年生からすると私は後輩みたいな感じで、新人だから教えてやらなきゃみたいな感じがあって、ずっと新人新人って私のことを言う生徒もいたりして、あそこは私が支援者でいられない空間だなっていうのは感じます。

田中　高校生から見てもね、小川さんのあり方っていうのは支援者であるのか何かよく分からない人なんですよ。高校生自身が下なのか上なのかよく分からない、位置づけが難しい、まあ、まさにサードプレイスの最前線の人間で。それがたぶん教育システムに穴を空けるんですよね。

高校生たちは、面談ルームみたいなところに囲われてね、閉鎖的な中でカウンセリングをされることは意外と苦手な子が多いんですよね。それより、図書館の隅っこのほうとかお菓子を配っているカウンターとかで、何気ない雑談をよう分からん人としゃべることが結構風穴を空けるというかですね。自分が上か下か分からないというのは面白いと思いますね。奥田さんはどうですか。

奥田　私は、先生との交流にまだまだ難しい面があって、苦労しています。

奥田紗穂◉一般社団法人officeドーナツトーク職員

田中　生徒とは、おしなべてどんな距離感ですか。

奥田　私もその支援者という意識があるのかないのかでいうと、結構使い分けているところがあります。この生徒にはちょっと支援者っぽくとか、この生徒にはラフな雰囲気な大人っていうふうに。生徒のほうも、相談できるって思っている子や、相談とまではいかなくて、世間話をしたいと思っている子とさまざまです。

支援者のスキル――技法を学び、蓄積し、伝える

田中　僕は長年、淡路プラッツというディープな居場所でリーダーをやっていましたので、そこで多くのスキルを得ました。１対１支援、カウンセラーのほうが遥かに楽なんですよ。居場所支援って本当にスキルが必要で。例えば、当事者が10人いる居場所、５人いる居場所とか、何十人もいる居場所がいろいろあるんですけど、その居場所の中で、絶対スタッフが行ったほうが、雰囲気が和らぐだろうというグループがあるんですね。そこは実はなかなか行きにくいんです、緊張感が強かったり、人数が多かったりして。スタッフ的にはもっと楽な子たちがいるんですよ。こっちに合わせてくれる、優しい生徒たちが。そういうところにスタッフはついつい行きがちなんです。仮に３人ぐらいスタッフがいたとして、そこに高校生が20人ぐらいいたとすると、しんどいグループがあっても行きにくくてね、こちらに合わせてくれるところに、つい３人が行ってしまう癖があるんです、特にあまり慣れてない人は。それをやるとお終いなので、３人が上手に分担して、同じところに１人がずっといるわけでもなく、上手に分散していく。これができるようになるまでは、奥田さんも結構かかったよ。

石井　そういうことって教わったりとかするの。

奥田　私は、辻田さんと、その辻田さんと他事業で居場所運営をしていたスタッフから居場所スタッフとしての動きをたくさん学びました。スタッフ同士のアイコンタクトとかも重要で。1人の生徒につきっきりになってしまい、ひとりぼっちの子に気づけていなかったり。ああ、ちゃんと全体を見なきゃいけないなとかっていうのを振り返りで話したりとか。でもそういうことに気づくか気づかないかというのは、たぶんすごくセンスがいる。

田中　石井さんはそういうのを伝えているんですか。

小川　ちらっと言われたような気がします。ただ、となりカフェと違ってぴっかりカフェはボランティアさんがいるので。石井さんから教わったのは、ボランティアさんに委ねるということかなって思います。それだけ大人がいると私たちが関わらなくても、うまくいっている空間もあったりするので、そうじゃないところを私たちが動くとか。

石井　ひきこもりの居場所ってカーストというものがあまりないので、みんなフラットだけど、やっぱり学校にはカーストがあって、学年があって、ヤンキーもオタクもいて、どこのグループにどのようにアプローチするのかっていうのを考えなくちゃならない。自分の中でチャンネルを切り替えながらやっているけど、小川さんのアプローチを見て、ああやってやればいいのかって僕が学ぶこともある。ボランティアさんでうまい人がいて、あんなふうにスルッと僕は入れないな、どうやっているんだろうと思ってちょっと見たりだとか。自分が単純に教える側ではなくて、教わる側になっている感じというのが新鮮で楽しい。その何気なくやっていることを僕が言語化していくっていうことで、ノウハウが流れちゃわないで溜めてくみたいなことは心がけているかな。

女性スタッフの力——女子パンドラの箱が開いた

石井　小川さんが入ってくる前は、「ぴっかりカフェ」は僕が1人でやっていたんだけど、おっさんの僕では、特に女子生徒とつながれる限界ってやっぱりあるので、若い女性のスタッフがいてくれたらいいなと思っていた。小川さんが入って機能し始めて、僕的には女子パンドラの箱が開いたんですよ。僕が開けられなかった蓋を小川さんが開けちゃってるから、すごく忙しくなってきて、先生たちもそこを頼り始めてきたってというのはここ最近の大きな変化かな。

田中　居場所カフェの最大の利用者は女子生徒で、その問題は見えにくいんですよ。女子生徒たちが、家や友達関係の中で、しんどい目にあっていてね、それを本人たちが隠したり、なぜか社会側がそこに焦点化しなかったりしている。学校にはもっと見えやすい層のしんどい生徒たちがいて、非行や不登校とか、そちらのほうに学校の先生たちは行くんだけど、一方で見えない予備軍みたいな子たちがいて、その主役は女子生徒たちなんですね。その子らに詳しい話を聞くのは、セクハラにはなりませんけど、聞き方が難しいというのがあって。でも女子生徒たちは、奥田さんとか小川さんみたいな人には、時間がかかりますけど、なんか言うてくれる。

石井　そのポロっとした発言が僕のところにやっぱりなかなかこう、来ない。それをキャッチしているのは小川さんや女性のボランティアさんだったりする。

田中　優しい他人の女性ジェンダーですよ、たぶん。身内の女性ジェンダーには言いにくかったりする、お母さんとかお姉さんとか、壁が低いだけにかえって説教するから。妹たちもそうです。お姉ちゃん、何やってんねんみたいな感じで。だから言いにくくなるんやけど、この他人さんで比較的年齢が近くて優しく受け入れてくれる支援者。ザッツ支援者じゃなく、ザッツ教師でもない、ちょっと中途半端な人たちが非常に言いやすい。

石井　その存在すごく大事で、重要だなと思って。

田中　居場所カフェの最大のターゲットは女子生徒たちになると思いますね。潜在化して、我慢を強いられているという、古くて新しい、女性ジェンダーの問題があるんですよ。高校ではそれが陰湿に潜在化されている。女の子たちも言うたってしょうがないとあきらめてるところがあってね。それが僕らおっさんにはどうしようもないところがあって、気づいてはいるんだけど。それを女性スタッフは、石井さんふうに言うと、パンドラの箱を開けることができる。開けたら大変なんですけどね。

石井　教師の専門性だったら避けて通れる課題だけど、カウンセラーというか相談員としては避けて通れないところだから、出会う問題が教師と僕らでは違う。それをソーシャルワークにつなげるときに、学校の中で僕たちがどういうステータスをもっているかっていうのは非常に大事で、ステータスが低いと情報が回っていかないんですよ。学校の中のステータスが上がってくると情報が回っていくようになって、担任とつながれるようになっていく。だから、居場所の支援論のスキルの曖昧な専門性みたいなのを明確にしていくことで、学校の中のステータスを上げていく、そうしないと機能させてもらえない。

高校生マザーズ――母になった10代を支援する

田中　高校生マザーズというテーマがあるんですよ。高校生で予期せぬ妊娠をして母になっていくという、10代ハイティーンの女子たち。彼女たちの支援というのが、居場所カフェの支援と表裏一体のところがあって、居場所に来てるとき、妊娠しているかどうかは置いておいても、その経験者たちが、高校を無事卒業してマザーになるとか、中退してマザーになるかいろんなパターンはありますけど。

男性ジェンダーというかその、僕と石井さんをもってしてもね、割と話しやすい2人なんですけど、まあ20代半ばとか、30代くらいだったら女性たちも話してくれるんですけど、高校生はたぶん話してくれないんですよ。いったんその問題を発見したら、話すことはできるんですけど、最初のアウトリーチでそれを発見して、それでどうよ、みたいなトークになるのはなかなか僕なんかは難しくて。奥田さんを見ていたら、結構多いよね。

奥田　そうですね。あと、彼氏の話をしてるときや、何気ない話をしているときにも話してくれる子がいました。あと、中絶している子がやっぱりいる。

田中　言える範囲でどうですか。女性のジェンダーの問題について。

奥田　いま実際赤ちゃんがお腹の中にいるという話になったときに、つい、「えっ、それどうするん」とか、「大丈夫なん」みたいなふうに言っちゃいがちなんですけど、それが私はすごく嫌で。やっぱりビックリするんですけど。まずはちゃんと「おめでとう」って言ってあげたいなっていうふうに思って。でも、多数の人は「おめでとう」なんかなくて。できたって言ったら、「えっ!? どうするの？」っていう反応が多いです。

田中　先生だけじゃないですね、常識的な大人は大体そう言うよね。

奥田　友達とか親に言っても、「どうするの？」という話になる。その子からしたら、宿っているわけですから、やっぱり何かしら意識の変化があったのだと思うんです。

田中　自分自身がきちんと育てられなかった思いがあったりして、自分が母になったらなんか逆に、とか思ったり。

奥田　そうですね。自分が愛情を受けてないぶん、せっかく宿ったこの子にはきっちり愛情かけてあげたいとか、たぶんいろんな思いがあるはずなんですけど、ついこう、「どうするん」「お金どないするん」とかいう責めるような空気になったり、現実的な話になって。確かにね、大事な部分なんですよ。でもそのできたという発表を悲観的な雰囲気に絶対したくないなと私は思っていて。おめでとう、それじゃあどうしていこうか？という感じで、どうやったら赤ちゃんを迎えることができるかとか、どうやったらこの経済的な困難から脱することができるのかとか、彼氏とどう関係性をつないでいくのかっていう、前向きな話をしないと、10代で産むって決めた私が悪いっていう思考に絶対どこかでなってしまうんですね。

そうやって産んで、ふだんはニコニコ生活していても、なんかのトラブルが起きたときに、10代で産んだことが本人にとってもマイナスな体験として出てくるんです。10代で産んだ私が悪かったっていう発言はよく聞くんですね。それの始まりって全部、子どもができたときの大人からの悲観的な反応なんじゃないかな。大人が、産んでいいって言ってくれなかったとか、宿ったのに誰も喜んでくれないとかっていう、そこから全部つながってるんじゃないかなって、私はそう思っています。

田中　この話を聞いて僕は、高校生マザーズをシンポジウムのテーマにしようと思ったんだ。本当の当事者のなかなか出てこない話だと思うんですよ。お母さんになって、3歳4歳に子どもがなったあと振り返りで出てくるかもしれないけれど、現在進行形でそういう高校生たち、あるいは、すぐ元高校生になるんやけど、シングルマザーになっていく子たちの思いを受け止められるのは、奥田さんとか小川さんみたいな立場なんですよ。

石井　学校の中でイレギュラーなことだから、それに対するスタンダードな対応っていうのがたぶんないんですよ。

末冨　去年、妊娠したからって中退させるのはやめろという通知が初めて文部科学省から出たところです。

石井　出たんだけども、実際それで中退になっていくということは、現実として起こっていることなんだけども、蓋をしてしまっている。

田中　まあ、それがパンドラの箱が開きつつあると。

石井　そういうのがやっぱり、小川さんのところから情報が入ってくる。

田中　女の子の周辺の問題が集約されてしまって、話題を広げていったり支援したりするのはタブーになっている。気づいたらどんどんシングルマザーになっていく。で、どうしたらええんやろという。その手前のところで居場所カフェがね、それをキャッチしてソーシャルワーク的な支援になんとか結びつく。親御さんとのやりとりがあって、そんなにきれいな支援にはなりませんけど。

ハイティーンは変わる――10代を支援する意義

奥田　となりカフェでは、1年に1人、中心人物になる女の子が必ずいるんですよね。その子に向けてイベントを組んでみたりとか、その子が来やすい仕組みをつくったりとかっていうことをしています。

石井　カフェとか居場所とか、僕らがやるような支援っていうのは化かす仕事っていう面がある。誰か1人が化けてくれればいいなっていう。去年のクリスマスパーティーは本当に化けた子がいた。みんなの前で意外な生徒がダンスをやったりだとか。

小川　イベントで化けるタイプの子もいれば、居場所カフェで毎週関わって、何回も重ねることで化けてくる子もいますよね。最初は端っこで本を読んでいた子が、だんだんカウンターに近づいて、ぽつりぽつりと家のことを言うようになって、そこから、いろいろな大人と話して、周囲と人間関係を築けるようになる。イベント一回でバーンっていう変化だけじゃなくて、日々の細かい、みんなが打っていたジャブみたいなのが効いてきての今、というのがありますね。

田中　僕は個人的にはそういう、最初カウンターで1人で本読んでて、ひたすら話しかけてほしいオーラを出してる子が一番得意なんですよ。一番好きというかね。どうしてもそういう奴らに話しかけてしまうんです。そういう連中がゆっくりゆっくり変化していって、僕はときどき行くだけやから、4月の段階だとこんな振るまいしていたのが、9月になると随分トークできるようになったなみたいな、あんな感じで変わっていくのは非常に嬉しいですね。それが高校中退予防ということで十分機能しているんだろうと思うんです。分かりやすいソーシャルワークもあれば、カウンターへのトークから始まって、ゆっくりと場に馴染んでいくような支援も、高校中退予防になっているんじゃないかなというふうに思います。

小川　挨拶しても無視されるとか、そういうことも繰り返して（笑）。

田中　無視してくれるぐらいの連中のほうが、悩みも重いし、個性もなんか面白かったりするので、僕はそういうのが好きですね。

石井　うちらのオフィスがシェアオフィスをしていて、不動産屋さんがビルの管理で掃除とかやっているんだけど、そこに生徒をバイターン★で受け入れてもらっているんです。オフィスで仕事してたら、生徒が「お疲れさまー」って言って入ってきて驚いた。学校では声かけてもシカトするくせに、意気揚々としているなって。

田中　まあハイティーンは変わりますわ。変化のスピードが早い。30歳前ぐらいのひきこもりの支援を僕は7、8年前まで中心でやってきたんですけど、変化するのに時間がかかった。10代後半はあっという間に変わっていくし、意外と就労できたりするんですよ。正社員じゃないかもしれませんけど、長期のアルバイトぐらいだったら意外とね。この子これ無理やろと思うのがアルバイトできるようになったり、というのは30歳ぐらいのひきこもり支援と全くちゃうなあと思いますね。だから、成果指標は好きじゃないですけど、そういう成果は出やすい層ではありますね。

石井　長くひきこもってきた若者たちとは違って、10代の子たちは可愛がられ力をほんとにまだまだもっている。最近地域の方々に救われた某女子なんて約束は守らないわ、態度はデカいわ、ほんとにイライラする瞬間もあるんだけど、みんながほっとけない。やっぱり可愛がられ力がすごいんですよね。ツンデレのほんとに99％ツンとしてても、1％のデレで大人たちがほだされていく。あの10代の可愛がられ力って、社会の受け入れる感じにもなっていく。できなくて当然っていうあの感じがやっぱりいいんだろうな。

★バイターン
アルバイトに就きにくい生徒のためのバイトから就職へつなぐマッチング支援。3日間の職場体験を面接機会としているのが特徴。生徒と"いい大人"をマッチングさせることがねらい。バイトとインターンを掛け合わせた造語。

10年単位での支援を
——居場所カフェの成長と長引く生きづらさへの対応

田中　となりカフェも7年目に入り、新しいスタッフも出てきて、活躍しているのを見ていると、1人がしゃかりきになって頑張るんじゃなくて、何人もがバトンタッチしたり、あるいはいったん休んでまた復帰したりしたりしながら、いろんな人たちが10年単位でこのゆるやかな支援を継続していくのだなと思います。この居場所が維持されれば、OG・OBもなんらかの形でつながりますし、10年単位で支援していく仕組みなんだなあというふうにこの頃強く思います。

当初はひきこもり予防や不登校対策で、短期的スパンで始めた仕事ではあったんですけど、実際にやってみるとOG支援なんかも重要になってきます。別の事業につないで、となりカフェのOGだったのが、いまは別の事業のクライアントとして登録してもらっている人もいます。この10年単位でつくられるシステムの中心の位置に、居場所カフェはあるかなと思います。

これから大きいのは、行政が求めるソーシャルインパクト評価的な成果指標主義の影響です。就労移行支援っていうのがあるんですが、工賃と作業量とが比例されて、作業の結果が出なかったら工賃も下がったり、予算全体も下がったりするような、まあいったら成果指標主義なんですよ。それは福祉のど真ん中のB型★には全く馴染まない考え方なんですけど、そういう短期的な成果を求めるような考え方が入ってきている。それへのアンチテーゼとしてあるのが、高校内居場所カフェを中心としたこの10年単位の取り組みですね。ボランティアさんもいっぱい入ってきつつ、いろんな人がバトンタッチしつつ、支援か支援でないか、そのへんの線引きもだんだん分からなくなっていったり、そんなのも含めながらですね、続いていく一つの仕組みに、現実にニーズがあると思うんですね。

これが明確化されないまま、ソーシャルインパクトの、成果指標主義のほうに押し切られそうだったんですよ、つい数年前までは。なんか結果出せとか、学校行きなさいとか、働きなさいとか、それに対して応えられない当事者がほとんどだったんです、悔しいなと思ったんですが。居場所カフェが始まって、粘り強くこれをやっていくと、全体の動きの中である種の結果が出そうな感じがしました。短期型の成果指標主義とはちょっと違う、もう一つの支援の法則が、ここにはあるん違うかなと思います。いままでの福祉の中にも実践としてはたくさんあるんですよ。べてるの家★にしろなんにしろね、淡路プラッツもそうですが、長期的に支援者が頑張って、クライアントさんもいつの間にかボランティアみたいになりつつ、親御さんも含めてみんなで塊のように10年20年過ごすというのがある種の福祉のサービスの王道やったんですけど、それをわざわざ言語化する必要はなかったんです。それである種の結果が出ていたので。新自由主義的な世の中になってこの10年ぐらいは特に、ソーシャルインパクトというか、短期的な成果指標主義が導入されて、いま

★就労継続支援B型
障害者総合支援法に基づく福祉サービスの一つで、障害や難病を有する方のうち一般的雇用契約では就労することが困難な場合、軽作業等（時間的にも短時間）を行うことができるサービス。雇用契約の中の賃金ではなく、「工賃」が支払われる。

★べてるの家
北海道浦河町にある、主として精神障害者が活動する地域拠点。社会福祉法人等から成る。生活・労働のほか、総合的に当事者を支える。１９８４年に設立。社会福祉法人 浦河べてるの家 https://bethel-net.jp/?page_id=22

まではのんびり構えていたらゆっくりと社会が支えてくれていたような人たちが、どんどん追いやられていってね。福祉の人たちがそれに反論する言葉をまだまだ持ち合わせてないので、押し切られつつあるんですよ。それを、この高校内居場所カフェの取り組みを中心に押し切り直すっていう、僕なんかは哲学の人間やから、理念から押し返すことがこれには含まれているなと思ってね。

末冨　その10年単位の話もすごく大事で、日本っていま、ほんと単年度主義で何かやろうとするでしょ。でも結局追いかけて見ると、例えば高校で就職させてもやっぱり高卒の離職率は高いじゃないですか。別に離職してもいいんだけど、でもその子が10年後もなんか働いているとか、病気にならずに暮らしているとかですね、落ち込みすぎずに済んでいるみたいなところの長いスパンの目線がいまの日本からは奪われていますよね。

田中　虐待サバイバーの支援で、18歳以降の仕組みがつくられていないのが、これから民間やNPOを中心につくっていくことになる。虐待サバイバーはPTSDと表裏一体です。PTSD支援は10年以上かかります。虐待サバイバーの問題は貧困問題とも同じようなコインの表裏で、これも支えていくには10年単位かかる。ソーシャルインパクト評価的な短期成果では難しいんです。高校内居場所カフェは、対象がリンクするので、虐待サバイバー支援のとっかかりになります。

末冨　生きづらさみたいなものが長く尾を引くというのは頭では分かっていても、評価に落とし込むことで失われるものはいっぱいありますよね。

卒業後の支援の必要性——細く長く、ゆるやかにつながり続ける

田中　それこそパンドラの箱で、地道にやっている人たちには何人も出会っているんですけど、多くの支援者は見て見ぬふりをしてきたんですよ。なんでかなと思うんですけど。奥田さんもやっているじゃないですか、マザーになってる子らの外部支援、どうですか？

奥田　卒業してお母さんになって、その後つまずいたときに、1人でハローワークや区役所にはいけない子はたくさんいる。最終的に生活保護になることも多い。ワーカーさんがつながってくれたらまだラッキーですけど、それもなかったら、もうどこにいるか分からなくなってしまいます。その子たちも、カフェみたいなところがあればなってきっと思ってるはずなんですけど、実際ないので。カフェと、もしつながっていなかったらどうなってたのかなって思う子はたくさんいるので、そこは何かもうちょっと施策というか、居場所があればなって。

田中　マザーになったらマザーになったで、保健所とつながったりすることがある。でもマザーにならんと、1人で生活保護になって住んでる女の子たち、彼女たちは彼女たちで孤立している。軽度の知的なハンデをもっていて、あまりアルバイトが続かない男性と付き合って、半同棲みたいになっていることもある。その男の子しか優しい人は周りにいないから、どうしてもその女子は生きづらさを抱えているその男子と、2人で毎日喧嘩しな

がら住んでいるというようなケースも、潜在化の一つの姿ですよね。

奥田　そうですね。卒業後どこにも、定着しないとき、あとは地域に頼るしかないと思うんですけど、地域とのつながりも全然なかった子だと、卒業生って名目でもつながっておかないとこの子は消えてしまう、どうやったらこの子をどこかに定着させられるのかな、っていうのは考えます。他事業との兼ね合いもあり、それを理由に、どうしても卒業生支援にまで割けなかったりすると、切れてしまうことがとても怖いし、申し訳ない。難しいですね。

田中　自然に離れてしまうんですけどね。となりカフェないし居場所カフェがあることでなんとかOG・OB、特にOGかな、の存在が忘れ去られずに済んでいるというのがいまの状況ですね。コツというかポイントは、細く長くちゃうかなと思っているんです。決して切らない。けど、こっちも決して無理しない。でもヘルプは突然やってくる。私こうなったんですけどどうしたらいいですか、っていきなり2、3行ぐらいのメールが来て、でも僕も忙しい、「奥田さん、頼むわ」みたいな感じでこの間も一件ありました。

石井　本当の困難は卒業後にあるんだ、って。在学中の困難ってまあなんとかなっていくというか。

田中　学校ってやっぱり大きいんですよね。

石井　中退者がカフェに来るっていうのも多くて。次の居場所が見つかっていない子たちがまだ来てる。それで、中退者が来ると、場が沸くんだよ。よく来たね、みたいな感じで。

あそこの承認感ってすごいな。

地域とのつながりをつくる

石井　在学中に地域の人たちとどうつなげるかっていうのは意識してて、自分たちだけでは背負いきれないものをちょっとずつ地域が背負っていくようにしていけたらいいかなと思っています。いい事例でいうと、横浜市の青葉台で音楽フェスティバルがあって、その舞台をつくっているのが、バイターンの受け入れ先になってくれている富士ソーラーという会社の大工さんたち。そこの社長さんはよくカフェに来てくれるんだけど、フェスで田奈高校の軽音部がライブをするっていうときに、ステージづくりから手伝わせるみたいなことをしてくれるわけ。そうすると卒業したあとにも、ステージづくりを未だに手伝ったりとかしているんだよね。ウチらをもう介さないでも地域とつながれる関係がそこにあるっていうのは、報われた感じというか、安心が大きかったよね。

田中　いまの話はリアルな卒業後の話なんですよ。各スタッフと細く長く線でつながるような生徒、生徒というか若者たちの姿があったり、そういう地域全体でゆっくりと無理なく受け入れてもらっている姿があったり、それでも、そのぴっかりカフェがあっての話なんですね、きっと。ぴっかりカフェがなくなってしまうと、そういうゆるやかな網の目みたいなのがたぶん弱くなると思うんですよ。それはとなりカフェも一緒だと思うんです。

だから、卒業したあともその居場所カフェがたぶん継続してはじめて、OG・OBを卒業後も支えることができる。そのOGたちもしょっちゅう来るわけじゃないんだけど、カフェの存在そのものが、彼女ら彼らを出ていったあとも支えていくというか。で、地域の人も、コアはここに、拠点はここにあるからと、ぴっかりにあるからと、西成はとなりカフェがあるからというのが支えとなってその仕組みなり、人のネットワークみたいなのが続くんちゃうかなと思うので、拠点は続けていくべきなんですよ。

石井　人づてに情報が伝わってきたりとかする、あの感じが大切ですね。

小川　卒業生でも1人来た子を伝手《つて》に、その周囲の友達、働いている友達の情報が来たりとか、そういう感じがありますね。

田中　だから、どちらにしろそういう居場所カフェっていうのは現役高校生だけのためではないんですよね。卒業してしまったとか中退してしまった人たちのためにでもこの居場所カフェが残っていると支えることになるので。だからずっとあったほうがええね。

石井　その子たちにとっては顔を知らない支援者のいるサポートステーションよりも顔を知っている、ある種カフェのリラックスした空間のほうが行きやすい場所であることは間違いないので。

サードプレイスの意義——役割がシャッフルされる場所

石井　ファーストプレイスとセカンドプレイスって、その役割が固定化されてるじゃないですか、親と子とか上司と部下とか。サードプレイスって役割が固定していないから、役割がシャッフルする場所だっていうふうに僕たちは言っていて、それは支えられていた側が支える側に回ることができたり、支援者が支援される側というか教わる側に回る瞬間もあったりとかするから、僕たち自身も成長できるということがすごく楽しいところ。

小川　私たちが手一杯なときに、初めて来たボランティアさんを一番見ていろいろ教えてくれるのは、生徒なんですよ。これはこうやってやるんだよとか、これはどこにあるんだよとか全部教えてくれて。その中で、自分が感謝されて自信になっている生徒とかもいて、あの感じはたぶんカフェじゃないとないですよね。

田中　そう。支援施設と違うねんな、あれは。NPOでも淡路プラッツなんかはもっとこう、スタッフのほうが支援している感じで。来る若者はお客さんやったんです。高校内居場所カフェは違います。そんな感じで、新人のスタッフさんに高校生がいろいろ教えてくれる。このエプロンをつけんねんで、とかね。

石井　そのシャッフルされることに慣れているのが居場所スタッフ。上にもなれるし下にもなれるってそういうチャンネルが変えられる。学校の中で僕たちみたいな下に回れるっていうのかな、そういうのは生徒たちにとってみると、すごく嬉しいんだと思う。

田中　サードプレイスに住んでいる人ってそういうことなんでしょうね、きっとね。

石井　ぴっかりでは最近、地域のボランティアにたくさん来てもらえるようになってて。

僕たちが地元で飲むっていうと、ボランティアさんが集結してくる。そうするとボランティアさん同士がそこで友達になる、だからコミュニティの再生みたいなところに、ぴっかりってまさになってて、ボランティアさんからすると、ぴっかりカフェはまさにサードプレイスなんだと思う。

子ども食堂と居場所カフェ——連携の可能性を探る

田中 そう考えたら子ども食堂はいらないですよね。高校内居場所カフェが派生形で広がっていくと、その中に地域コミュニティの再生の機能が含まれてるから。子ども食堂も実は高校内居場所カフェ的なサードプレイスにもう飲み込まれていったって別にいいんですよ。子ども食堂をやっているところが逆に、もうちょっと方法論を学んでもらって、高校の中に高校生居場所カフェをつくってもいいんですよ。ほんなら、いまみたいに一部のNPOがゆっくりゆっくり広がってるより、あっという間に広がるかもしれないです。子ども食堂をやってる地域のおっちゃんおばちゃんが逆に地元の高校に、あるいは中学校でもいいですけど、校内居場所カフェをつくっていくと。

石井 やっていることを細分化すると、居場所スキルっていう高度なものもあるけども、基本的には町の人で十分回せちゃうところがあって。これは地域に返せる仕事なんじゃないかな。僕たちがスーパーバイズしてソーシャルワークにつなげるっていうところでは専門家の力は絶対に必要なんだけど、基本的なところは地域の人たちに還元する。そして、関係者以外立ち入り禁止の学校の中に地域の人を増やしていくことによって、学校の中に文化が運ばれていく、それが社会関係資本につながっていくみたいな、そういうビジョンはもっているかな。

田中 これから子ども食堂の人たちにもアプローチしていって、一緒に高校内居場所カフェやりませんか、というふうに声かけの時期が来ているのかもしれませんね。子ども食堂を高校内居場所カフェは運営できるかみたいなテーマで、大阪でちっちゃいシンポジウムをやってみようかな。子ども食堂と高校内居場所カフェの合体。

石井 僕が講演していると、子ども食堂の人たちはよく来ていますね。子ども食堂をやっている人たちはイデオロギーがあまり強くないから、現場でやっていることが言語化されて上がってこない。僕の講演になんで来るかっていったら、言語を獲得しに来ようとしてる感じなんだよね。僕たちが使っている言葉っていうのは子ども食堂に流用可能な言葉がたくさんある。やっとこれで自分たちで子ども食堂のことを行政の人に語ることができるとか、そういう感想が多かったりするんですよ。

田中 「子ども食堂」っていう言葉を捨てたがるというか、あんまり自信なくなってきているなと。子ども食堂は、貧困層には届かないとか、わりとネガティブな印象がついてきているので、本当に困っている子どもたちに届けたいスタッフは子ども食堂という言葉をあえて使いたくないという、あるいはどうしようか悩んでいる人たちがいて、でもそんな人たちは結構モチベーションが高くてね、何か一緒にやれるかもしれません。これからは子ども食堂と高校内居場所カフェのこの取り組みがどこかで重なっていく局面もあるんじゃないかな。

末冨　この着地だと、子ども食堂に関わっておられるみなさんにも、一緒に何かできそうって思っていただけますね。

小川　実際、ぴっかりに「スペースナナ」というボランティアさんが来ていて、地域で「ナナ食堂」という子ども食堂をやってて、高校生がそこに行ったたっていうこともあります。ちゃんと食べられてないなと心配な生徒に紹介ができるので、ありがたいなって思ったりします。

田中　子ども食堂も2・0になってもらってね、自信をもってもらって。で、我々も応援していただくというか。うまいでしょ（笑）。

末冨　子ども食堂もどんどん、学校の中に居場所をつくってもいいよねっていって学校のほうにアプローチしてみたら、たぶん何校かでは開けるんですよ。学校の校長先生も、やったほうがいいよねって思っている人は潜在的には多くなっている。よそでやるなら、ウチでもやってもらいたいみたいな。

学校の先生に見えてるのは、この子すごくしんどいんだけど、やっぱり学校だけじゃ無理なんだよねっていうこと。でも、自分たちに余裕があるかって言ったらもう全然ない。教師が何か言ったって聞くタイプじゃないのもいっぱいいる。そのときに、カフェの形がいいっていうのは、サードプレイスだからですよね。来てもいいよみたいな態度のほうが来るっていう。ここに行っておいでとかって言われると、ちょっと怖いので（笑）。

石井　埼玉で中学校区に1個ずつ子ども食堂ができるんでしょ。行政が予算いっぱいかけてドーンと。そんなに実施者がいるのかっていうのが心配だけど。

末冨　でもね、それで地域開拓したら次に起きるのは、自分たちがやっていること、これでいいかなっていう支援者の迷い。それで迷って行き詰まりを感じたときに、居場所カフェにしようって、コラボすればいいじゃないと伝えたい。もう全中学校に居場所カフェも一個ずつでいいじゃないですか。不登校減りますよ、きっと。

石井　そうですよね。

田中　まあ、こんなもんで。

（2019年2月16日収録@明石書店 会議室）

コラム：
広がる居場所カフェのネットワーク

大阪で始まった校内居場所カフェの取り組み。その後、大阪や神奈川を中心とし、現在は北海道、宮城、新潟、埼玉、東京、静岡、名古屋、長崎、沖縄 などで取り組みが広がっています。また、運営団体同士のネットワークも構築されつつあります。ここでは、神奈川、大阪それぞれのネットワークの活動をご紹介します。

■かながわ校内居場所カフェ・サミット

2018年6月9日、神奈川県で校内居場所カフェを運営するNPO9団体が集まって、「第1回かながわ高校内居場所カフェ・サミット」が開かれました。主催は、かながわ子ども・若者支援センター（以下、スケッツ）で、カフェに興味のある教員やNPO関係者など全部で120名ほどの参加者がありました。

神奈川県内のカフェ9校（2019年4月時点で13校）は、教育委員会予算で運営されている大阪のカフェとは違いは、それぞれのカフェ実施団体が独自に資金調達した予算で運営されています。つまり、行政が旗振り役となれない状況がありました。そこで、高校と民間支援団体とのコーディネートをミッションとするスケッツがカフェ・サミットを企画し、各カフェのマスターたちを一堂に集め、ノウハウやスキルの情報共有をするとともに、行政関係者や市民の皆さまにこのムーブメントを認識していただき、カフェの発展を目指す場をつくることにしました。

カフェを運営する団体から、カフェでの生徒の様子や、若者支援の意義として感じていることの報告があり、立ち見も含めた多くの人が熱心に聞きいっていました。

家庭の状況が厳しさを増す中、家庭のサポートを十分に得られない生徒たちが、高校に来れなくなるとか、中退していく様子に心を痛めている先生方や若者支援に携わる人たちにとって、校内居場所カフェの取り組みは、希望の光の一つなのかもしれません。2019年6月8日に、第2回カフェ・サミットが開かれ、今後もカフェを運営する団体同士の交流を続けて行く予定です。

■高校生サバイバー

大阪では、居場所カフェは8年前から始まりましたが（西成高校となりカフェ）、各カフェが集まってのフォーラムは2014年から年に1回ペースで行ってきました。「高校生サバイバー」と名づけたこのフォーラムは毎回話題を集め、教育委員会予算につながる原動力にもなりました。2018年度の「高校生サバイバー5」で一区切りし、現在は次なる総合タイトルを考案中です。

エピローグ

学校に居場所カフェをつくろう!

――どんどんつまらなくなっている日本の学校と若者支援のイノベーション

末冨 芳（日本大学教授）

ごんごんつまらなくなっている日本の学校

いまの日本社会が変化したほうがいいというのは、この本を読むような大人の読者であれば何かしらあるはずだろうが、それは教育学者である私の場合には、子どもや若者の幸せ（ウェルビーイング）を考える姿勢が社会や日本人にとても少ないように感じるということにつきる。

とくに学校が子どもや若者を幸せにできていない。進学や就職という「実績」にしばられるのは日本の学校だけではないけれど、それでもティーンエイジャーにとっての日本の学校が他の国と比較して良い状況だと言うことはできない。**図**は、OECDのPISA2015年調査に示された日本の15歳のデータから、主要国と比較してとくに心配な部分を抜き出したものだ。

例えば「生活全般への満足度」が半分以下の15歳は日本では39・0%いる。韓国のほうが高いものの、OECD平均やフィンランド、アメリカと比べると生活全般への満足度が低い生徒が相対的に多いことが分かる。また「テストが難しいのではないかと心配」な生徒の比率は78・1%と先進国でも突出して高く、「学校ではすぐに友達ができる」に否定的な回答をした生徒は31・2%と先進国トップクラスで高い。15歳の学校への所属感は2012年と2015年を比較すると、「『学校にいるとさみしい』を除き、すべての項目で統計的に有意に生徒への学校への所属感が低下していることがわかる」（国立教育政策研究所 2017: 29）と心配されている。

状況を明確にするために少しいじわるな言い方をすることを許してほしい。他の国のほうが心配なデータもあるけれど、日本は15歳（ティーンエイジャー）にとって友達ができやすい国でもないし、テストのストレスは高いし、生活の満足度もＯＥＣＤ平均と比較してもよくないし、過去3年間でどんどん居心地が悪くなってきたということになっている。

生徒の側が学校生活がストレスフルだ、つまらないと思っていても、生徒だけでそれは変えられない。とくに高校では１９６０年代におけるラディカルな若者のレジスタンス運動以降、そもそも若者が抵抗するというやり方を剝奪してきたのが、日本の大人の若者に対するポリシーである。

学校というシステムに若者と子どもを囲いこんできたのは大人の思惑や事情であって、囲い込んでお

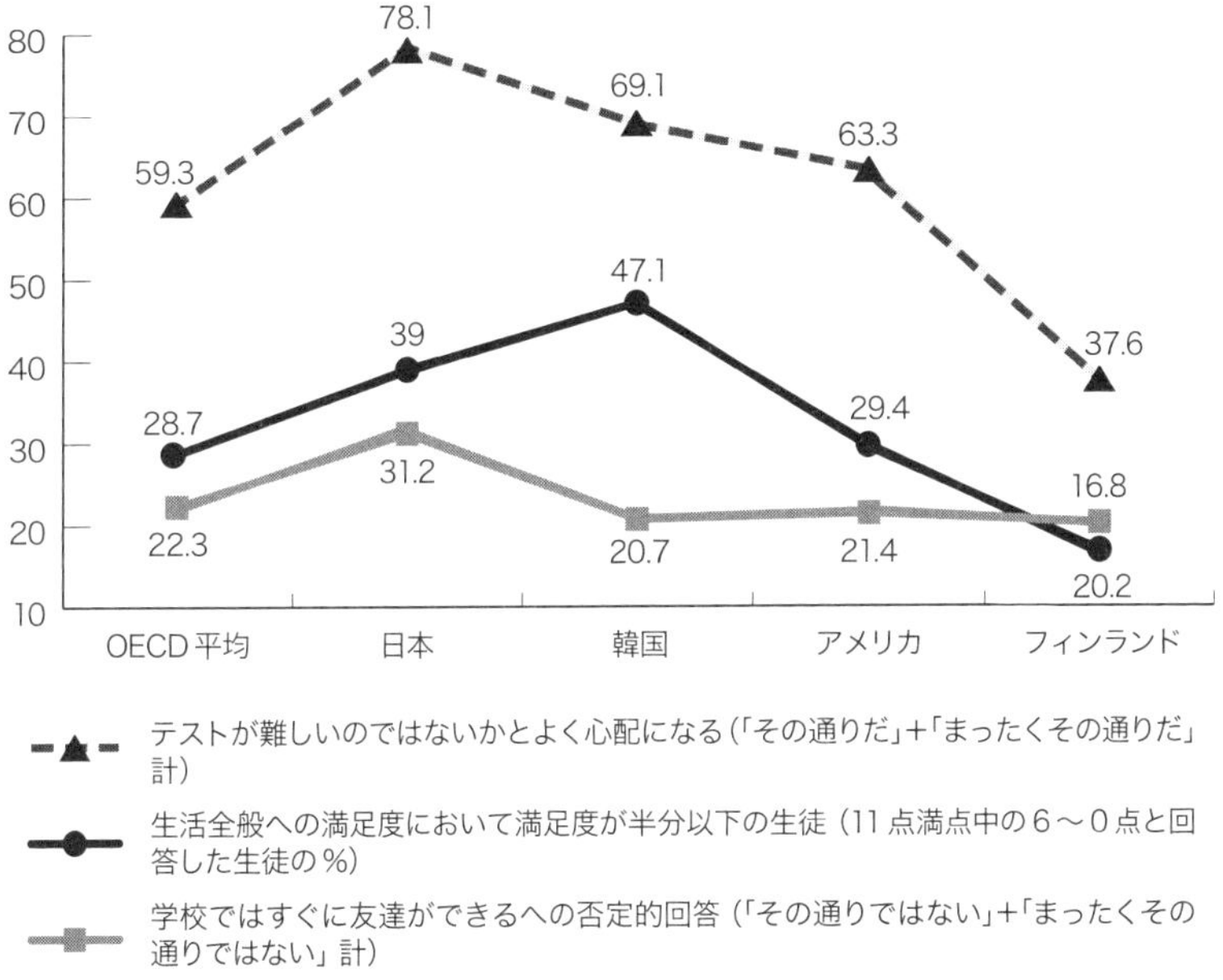

図　生活満足度レベル別の生徒の割合

（国立教育政策研究所（2017）『PISA2015年調査国際結果報告書・生徒のwell-being』p.13, 22, 28より筆者作成）

いて、そこで大人の気に食わないことや明確なレジスタンスをすることが生徒側にとって著しい不利になるインセンティブシステムを設計し、生徒の言い分をちゃんと聞かずに一方的に排除してきたのであれば、カッコ悪いのは大人の側かもしれないことに、そろそろ日本の大人は意識をもっていく必要がある。このあたりは生徒参加を何らかの仕組みでシステム化できている北欧や大陸ヨーロッパ型の学校参加のあり方も含め、教育におけるデモクラシーの問題でもある。

中学校では高校進学のための内申点システムのもとで、教師への反抗や教師の気に入らない言動は生徒の進学を不利にし、義務教育ではない高校においては、校長と生徒・保護者の在学契約にもとづいて、学校に逆らえば学校をやめてもらうというルールが成立しているのであり、生徒の側からは異議申し立てをしたところで満足のいく結果が生まれるわけではない。それは別に政治的レジスタンスではなくとも、男女交際や髪形、ときには生まれつきの髪の色、白シャツの下に透けて見えるTシャツやタンクトップの色や柄、男子のトランクス、女子のショーツの色、十代妊娠や、欠席日数の多さ、校内喫煙、アルバイト、教師への態度の気に食わなさなど、大人の側の気に入る、気に入らないの「センス」の問題で生徒が支配されてきたということになる。

もしも読者が教員であれば、ずいぶんと居心地の悪くなる厳しい指摘をして申し訳ないが、近代学校システムはそもそも権力関係や支配─被支配の関係を前提として成り立つものであり、日本の場合、とくに大人たちがあたりまえのように子ども・若者に支配的にふるまいすぎてきた結果、現在のティーンエイジャーがどんどんつまらなくなる日本の学校ができあがり、数々の教育改革がむしろそれを強化する方向に作用してしまっている、というのが私の見立てである。

学校の変革ストラテジーとしての高校居場所カフェ

だからこそ、大人の側が学校を変えていくことが必要だ。学校や教育を変えることは社会を変えること、でもある。まず成長可能性の高い子どもや若者への教育サービスのプロバイダーのメインストリームである学校が変わること、それが閉塞した日本社会を含む先進国で求められていることだ。だからこそ教育のイノベーションが叫ばれる。

教育のイノベーションという場合、いくつかのストラテジーがある。アクティブラーニングの導入や高大接続改革は、テストや学習方法、教育評価を含む学校のフォーマルシステムへの働きかけである。

しかし、こうした学校のフォーマルな部分への働きかけでは、日本の学校のつまらなさは簡単には変わらないだろう。なぜなら、つまらなさのバックボーンでもある日本の学校に強力に埋め込まれた同調圧力は、学校の「文化」を変えようとしない限りは、変革できないからである。

近代学校システムや日本の学力政策の中で、同年齢の学年集団や部活動の先輩後輩関係の同調圧力、生徒を「指導」というまなざしでしか見ることができない教員集団の同調圧力は、数々のフォーマルな改革にもかかわらず、いや数々の教育改革が消化しきれないほどのスピードで若者・子どもと教職員を圧迫している中で、むしろ強まっているように見える。

そういう学校を変革して、ティーンエイジャーにとって居心地がよく、ものすごくつまらないというわけでもなく、少しずつハッピーな学校にしていくためには、カリキュラムや評価方法の改革でもなく、もちろん「ぶっ壊す」系の改革ではなく、EdTech★のような新しいように見えて実は既存の学校システムからはみ出していないやり方でもなく、じんわりあたためて「コリをほぐす」ようなアプローチのほうが合っている。

カリキュラムや教育方法を変えるのではなく、新しい別の文化をささやかに学校の片隅に持ち込みながら少しずつ「コリをほぐす」、そういう居場所カフェのストラテジーが、私はとても好きだ。

〝信頼貯金〟と石井さんが表現し、〝文化のシャワー〟と田中さんが言う作用を含め、生徒の変化や、居場所となっている図書室や会議室などがおしゃれにカフェスペースになっているという空間の変化を感じ取らせることで、学校のセンセイに「居場所カフェって何？」と思わせ、興味や共感や、不安や反発や無視を引き起こすことは、教員集団の同調圧力に固まったセンセイの心にヒビを入れているということでもある。

生徒たちにとっては、この本の中で語られてきたように、教員ではない、家族でもない

★EdTech

例えば経済産業省『「未来の教室」とEdTech研究会第1次提言』（2018年6月、p.3）では次のように暫定的に定義されている。

「EdTech」という用語を、テクノロジーを活用して教育に変革をもたらすサービス・技法を指すものとして、またサービス・技法を構成する要素テクノロジーそのものを指すものとしても用いている。例えば現時点では、蓄積された大量の個人学習データをAI（人工知能）が解析し、個別最適化した学習プログラムをきめ細やかに提供するサービスや、講義を動画やオンライン会話の形で提供するサービス、プログラミング用ソフトウェアや3DプリンターやVR（仮想現実）等を用いたSTEM/STEAM学習サービス、学習塾や学校等の校務や教材作成の支援サービス、学習者と必要な指導者や教材などのマッチングサービスなどが存在している。

よく分からない大人としゃべったり、友だちではない常連の生徒同士でしゃべったり音楽を聴いたり、ときにはひとり窓の外を眺めていたり、ただカウンターで本を読んだり、なんだか教室とは違う居心地の空間なのである。

そこに集う大人たちも教員集団とはちがう、学校っぽくない人たちであり、それぞれの空気をまとっている。そういう多様性のある空間の中で、生徒たちが学校の中でのひとときを生きることは、教室や友達集団の同調圧力から逃れることができるだけでなく、大人になっていくときにこんな変な大人でいいんだな、とか、このドリンクのフレーバーが好きなど、教室の空間の中で教師が伝えることができる文化や知識とは次元の異なる文化や、生きていくうえでの「好み」（社会的生存戦略、の基盤になるような）を知らない間に自分の間にもてていることだったりもする。

そういう時空を、とくに困難な状況を生きる生徒たちの集う高校という場の中に設置できていることは、日本の教育のイノベーションの手段として、素敵なことだと思う。重要だ、とか、必要だ、ということもできるけれど、少し違う気もする。

ここから学校と居場所カフェの関係がどうなるかは、もう少し見てみないと分からない。もしかして自分の学級でロングホームルームにカフェスタイルで何かしてくれる先生が出てきたりすると、嬉しいのだけど、それが何年先になるかは私にもよく分からない、もうこっそり居場所カフェにインスパイアされて、教室カフェもしているセンセイがいたりするととても嬉しい。居場所カフェが定着すると、教員も時には保護者もドリンクを飲みにカフェに来たりもする。中には生徒だけじゃなくセンセイへのカフェもやってほしいという声もあるのだとか。

そうなれば、学校は生徒にとっても少しだけくつろげる場所になるだけでなく、教員の側もセンセイの担当時間は、給食以外のおいしいものをいっしょに飲み食いしてはいけないというヘンテコに固まった近代日本的指導観からどんどん抜け出していけると思う。生徒との関わり方の豊かさも、ふくらんでいく気がする。

もちろんそんな時代が来ても、居場所カフェは、生徒たちの居場所でありつづけるだろう。学校の中にもカラーの異なる素敵な「場」がいろいろあることは、生徒にとっても教員にとってもハッピーで素敵なことである。

若者支援プラットフォームとしての居場所カフェ

居場所カフェにはいろいろな側面があって、学校の中にあっても生徒たちの中退を予防したり友人関係や家庭での課題にアプローチできるだけなく、学校を離れたあとの支援にもつながることができる、これはとくに重要な居場所カフェの機能である。

日本の若者支援は、そもそもそれ自体がまったく未整備であるうえに、進学や就労といったゴールが明確に設定されている支援制度が主流である。あるいは、ひきこもり支援のように、ターゲットがしぼりこまれた支援など、若者支援システムの完成度はかなり低い。

高校中退後にブラックアルバイトや非正規就労の中で疲弊してひっそりと孤立してしまっていたり、ときにはセックスワークやドラッグ売買等のような劣悪な労働市場の中で漂流しながら、支援につながる発想や心と時間の余裕もなく、家族関係や友人関係にも悩まされ、ときには自分や保護者、きょうだいが簡単に妊娠をしたりさせたりする中で、自分と家族の不安定さが増していく、というような困難が複合する若者の課題にどう切り込めばいいのか。

居場所カフェは、サードプレイスであると同時に、若者の悩みや課題をキャッチし、学校の中や外の支援と若者がつながっていける糸口でもある。若者支援に実績がある団体が居場所で生徒たちの課題を把握するとともに、もし中退したとしても学校の外での支援でつながったり、他のさまざまな支援につなげることができる。教員に対して相談しにくいことでも、居場所でつながっている大人には言えることもある。

とはいえ、居場所カフェだけで日本における若者支援全体の希薄さを補えるわけではない。それでも親すらも頼れない若者にとって、細くても信頼できる大人とのつながりがあることは、ティーンエイジャーたちがより悪い状況に陥ってしまいそうなときに、少しはましな選択ができる機会を提供することにもなる。

自己肯定感の低さや生きづらさに対しても、居場所カフェだけで対応できるわけでもなく、やはり教員の側がもっとやわらかく生徒を受容していくことや、そもそも困難をきわめる家庭環境への働きかけ（家族との距離を置くこと）も含めて必要になってくる。民法改正により18歳を過ぎてしまえば自動的に大人という扱いになる社会が２０２２年にやってくるからこそ、若者の困難や自立をどのように支えていくのか、現在の若者支援システムの希薄さをどうすればいいのかは、その希薄さにいちばん悩んだりそれでもなんとか若者たちへのサポートをつづけてきた居場所カフェからも、もっと発信されていくべきだと思う。

ソーシャル×居場所カフェ×若者×学習支援×子ども×子ども食堂×ローカル

居場所カフェも子ども食堂も、多様性を増しながら進化している。大阪府の事業としての居場所も、神奈川県での居場所カフェにもさまざまなかたちがあり、それぞれに個性ある団体や大人たちが運営をしている。

学校の中にある子ども食堂も増えており、居場所カフェだって学校だけでなく地域の中でも展開されていたりもする。また学習支援も、中学生や高校生の居場所としての役割を意識しているところが多い。

何が言いたいかというと、子ども食堂と居場所カフェと学習支援とが若者支援のあり方として競合するものでもないし、どれかが有効で、どれかがそうでない、というような言い方はまったく意味がないということだ。それは他の子どもや若者への支援的アプローチも同じである。

ソーシャル×居場所カフェ×若者×学習支援×子ども×子ども食堂×ローカル、と図式化してみたのは、まず子どもや若者への支援のかたちはくっきりと境界を区切って「すみ分ける」ようなものではないと考えているからだ。省庁や自治体部署の所管のもとではっきり「すみ分ける」ようなやり方では、実際の目の前の若者や子どものニーズの多様さや、そもそもニーズを引き出すこともなかなかに時間のかかるとくに困難な子ども若者への丁寧な関わりはできない。

それでも成長と心身の変化のまっただ中にある子どもや若者に対してのアプローチとして、それぞれのカラーをなんとなくここで分けてみて、その妥当性を支援に関わる大人たちで論じていくような段階に入りつつあるようにも思う。

子ども食堂は、最近しばしば貧困の当事者支援の手段としてのターゲット性が低いことが指摘されるが、子どもやその保護者たちが陥りがちな社会的孤立に対するアプローチとしてはそれほど的を外したものではないと私は思う。何よりもおいしいご飯を一緒につくって食べて、片付けたりしながらたわいないおしゃべりをしたり、居心地の良い場所でそれぞれの子どもや大人の存在感を感じとるのは、とても素敵なことだし、困難層にターゲットをしぼりすぎることを考えずに展開したほうがいいのではないかと個人的には思っている。

子ども食堂は、子どもたちやその保護者も含め地域の中でなにかの困難さをもつ人々の存在を意識し、関わっていきたい、つながっていきたいという意思をもった人々が集うという意味でそもそもローカルな存在でもある。

また、食事をともにつくって食べる、片付ける、ワイワイするというような、支援手段としての参入バリアがそれほど高くないために、子ども食堂は大人たちに支援のネットワークの中に入ってきてもらいやすいという強みもある。子ども食堂でローカルなネットワークを構築しながら、子どもたちの課題に対応して、日々の宿題や学校の勉強についていくための学習支援も展開するマルチファンクションな子ども食堂もあるのは、ローカルに根差しながら進化をしている証明でもある。大阪では居場所と子ども食堂が相乗りしているケースもあり、進化の多様性が楽しみな存在である。

支援の多層性と居場所カフェ

居場所カフェは、困難な若者をメインターゲットとして誕生したというルーツをもつがゆえに、そもそもソーシャルな存在である。高校を卒業し、就労や進学への移行をしなければならない若者たちは、家庭や地域といったローカルなネットワークの中での成長から、大人としてのソーシャライズが必要とされる時期にさしかかっている。しかし、自己肯定感をはぐくめない、大切にされない環境で育ってきた若者にとっては、就労への移行はかなりの確率でブラック労働での搾取を意味する。またそもそも高校からもドロップアウトしてしまう可能性も高い。

アタッチメントや家族との信頼関係の形成において、極度に不安定な状況にあった若者たちが、大人になっていく時期だからこそ、自分が何も被害を受けずに、ただそこにいることだけですんなりと受けとめられ、さまざまな大人たちやクラスメートじゃない高校生同士の関わりの中で、いろいろな人間との距離の置き方や関わり方をなんとなく感じ取ることができる、という意味では居場所カフェのソーシャライズ機能はけっこう大事なものがある。世の中に出ていくうえで、例えば好きだけど信じられない人、好きじゃないけど言うことはまっとうな人、などさまざまな大人の「匂い」のようなものをかぎ分けるようなセンスは、自分をなるべく守るための社会的生存戦略として大切だ。高校だけではなく、中学校や小学校、専修学校や大学でも居場所カフェは広がりを見せていくかもしれないし、地域での居場所カフェの取り組みも広がるだろう。それぞれの場で発揮される居場所カフェのソーシャル性というものが、年齢や場の拡大とともにどのように意識されていくのか、学校や地域との関係がどのように面白くなっていくのか、興味は尽きない。

これに対し、学習支援は、子ども若者の学力を補償しようとする支援アプローチであるがゆえの多様性と、資本主義に飲み込まれてしまわないための運営の難しさがある。近年では、株式会社が参入し塾形式での学習支援が行われているが、これはそもそも学習意欲や学習習慣が確立している学力中位層以上（それは困窮世帯の中でも所得や家族の状況において中位層以上）の子ども若者にはよく機能するだろう仕組みであるものの、学習意欲が低かったり学習習慣が定着できるような成育環境になかった、もっとも困難な子どもや若者たちにはまったく不向きである。居場所性のある学習支援、子どもの将来に不安があり情報の少ない保護者も支えられる学習支援となると、やはりローカルな文脈と、そして子どもや若者が大人になっていくソーシャルな文脈との両方を視野に入れることが大切にされる必要がある。

もう大阪や神奈川ではそうなりつつあるエリアもあるはずなのだが、子ども食堂と学習支援と居場所カフェと、この本のメインターゲットではないけれど生活支援や外国につながる子ども・若者のための言語や文化の支援や、さまざまな団体や支援が相乗りしつつ相乗効果を起こしていくような支援の多層性が、より多くの学校や地域で育つことが大切だと思う。そうした多層性の中で育っていく子どもや若者が増え、やがて（あるいはすでに）第二世代として学校や地域の中でセンセイや支援者として活躍し始めたとき、もう日本の学校も社会もつまらなくはないだろうし、居心地もそんなに悪くないことになるのだろうと予測している。

「自分の高校でもこういうのやってほしかった！」と私の友人はつぶやいた。居場所カフェには、退屈で居心地の悪い高校時代をすごした大人こそ惹き付けられる何かがある。できればつまらない学校生活を送ってきた人にこそ居場所カフェの中に来てほしい、なるべくハッピーな青春を、そして未来を若者たちに送ってほしいと願うのならば。

おわりに

高橋寛人（横浜市立大学教授）

予防型支援

「ぴっかりカフェ」や「BORDER CAFE」を運営する特定非営利活動法人パノラマが中心となって、「校内居場所カフェ等予防支援に於ける成果指標の作成及び在り方検討委員会」をつくっています。「予防支援」とは、リスクを抱える人をあらかじめ支援して、困難な状況に陥らないようにするものです。いったんひきこもってしまった若者を家から出られるようにするには大変な労力が必要です。高校を「進路未定」のまま卒業し、何年間も仕事をしないまま30歳近くになり、「このままではヤバイ」と思って就労支援機関を訪れても、ブランクを取り戻すのは、やはり大変です。

若者たちが困難に陥る以前に、ひきこもりや進路未定の予備軍に支援をすることで、多くの若者が救われます。このような予防型支援にはそれほど多額の経費は必要ありません。低コストで高いパフォーマンスを生むことができます。ところが、行政の支援メニューには、困難に陥っていない人々への支援はありません。そこで、困難に陥る前の予防支援の効果をわかってもらうために、「予防支援に於ける成果指標の作成及び在り方検討委員会」で予防型支援の成果を示すための指標を模索しています（平成28年度、29年度の報告書各約30ページをホームページに掲載しています。https://npo-panorama.com/cafe/#section4）。

委員会のメンバーを紹介します。

- 石井正宏（特定非営利活動法人パノラマ 代表理事）
- 一ノ瀬望（川崎市職員）
- 鈴木晶子（特定非営利活動法人パノラマ 理事）
- 高橋寛人（横浜市立大学教授）
- 田澤実（法政大学准教授）
- 田中俊英（一般社団法人officeドーナットーク代表）
- 浜崎美保（帝京平成大学教授）
- 松田ユリ子（神奈川県立田奈高等学校学校司書）
- 中田正敏（かながわ生徒・若者支援センター共同代表）

この本のきっかけ

支援者たちの多くは、困難に陥る前の支援こそが大切だと実感しています。中でも、校内「居場所カフェ」は予防型支援の取り組みの典型です。「校内居場所カフェ等予防支援に於ける成果指標の作成及び在り方検討委員会」では、「居場所カフェ」を広げようと、日本各地で「居場所カフェ」をつくろうという動きがあれば、そこへ行って「啓発」の行脚を始めました。

さらに、校内「居場所カフェ」のつくり方を図書にまとめればカフェをつくりやすいだろうと考えていたところ、末冨芳教授編著『子どもの貧困対策と教育支援』（明石書店、2017年）に、検討委員会の田中俊英委員の「となりカフェ」の話が収録されました。そこで、末冨教授をまきこんで本をつくろうと明石書店に依頼したところ、快諾いただきました。明石書店の深澤孝之さんから『子ども食堂をつくろう！』（明石書店、2016年）を紹介してもらい、同書を参考に、深澤さんのアドバイスをもとにこの本を作成することができました。深澤さんにあつくお礼申し上げます。

校内「居場所カフェ」とは

本書に書いてあるとおり、「居場所カフェ」とは、学校内の空き教室、オープンスペース、図書館などで、ドリンクやお菓子などを無料で生徒たちに提供しながら、居場所づくりをふまえた交流相談・支援を行うものです。各高校の「カフェ」では、当初、クッキーやパイなどのお菓子を出していました。そのうちに、ミニカップラーメンや、カップ味噌汁、カップスープなども提供するところが増えてきました。お腹をすかせている生徒が多いようです。

校内に相談場所をつくって生徒のもつ困難に対処しようとしても、生徒が来なければ相談にのることはできません。そこで、生徒が自らの困難を安心して語れるようにするために、気楽に集まって話し合えるような居場所を用意します。学校カウンセリングのような個別相談ではないので、とくに相談のない生徒も自由にくることができます。団体のスタッフや大学生ボランティアや地域の大人が話し相手になります。毎週1回または隔週1回程度、定期的に開くので、回を重ねるごとに多くの生徒と顔見知りになります。継続的な交流を通じて、人間関係、信頼関係が形成されます。その中で、困難を抱える生徒がボランティアやスタッフに率直に悩みを話し始めます。

困難な環境で育った子どもたちの場合、かまってもらえる、自分に関心をもってもらうという経験が乏しいケースがめずらしくありません。自分が大切にされていると感じることが、生徒たちにとって大きな喜びです。実際、「話を聞いてほしい」という生徒たちのニーズは驚くほど高いものがあります。

交流相談を行う「カフェ」を「居場所カフェ」とも呼ぶ理由もここにあります。居場所とは、だれもが来られて、だれもが存在を肯定される空間です。生徒は「カフェ」で、専門家だからではなく、人間関係ができて「この人なら相談できる」と思うから相談するのです。「カフェ」のスタッフやボランティアには、生徒との人間関係をつくることが求められます。

困難を抱える高校生に対する支援には、教員以外の人材の手が必要です。「カフェ」は、若者支援の経験をもつ非営利団体が運営している点に大きな特長があります。交流相談を通じて、生徒自身が困難を明確化し、生徒が主体的に解決に取り組むよう支援し、必要に応じて関連の外部専門機関につないで、困難を軽減することが「カフェ」の役割です。

ただし、カフェを開いている高校の生徒たちが、教師に相談していないというわけではありません。多くの生徒たちが、担任の先生、保健室の養護の先生、進路指導や生徒指導の教師そしてカウンセラーに悩みを語っています。しかし、教員はそもそも授業や部活指導などで手一杯です。そこで、「カフェ」のスタッフが多忙な教員にかわって、悩みを聞いたり相談を受けたりします。教師の補完的な役割を果たすとともに、他方で、教師とは異なる役割も担っているのです。

地域の交流の場

いま、子ども食堂が全国的な広まりを見せています。「カフェ」には、お菓子、食材、寄付金など、さまざまな団体や個人から多くの支援が寄せられます。寄付をきっかけに、「カフェ」に関わりたいという地域の大人たちが加わります。子どもや若者の支援には、地域の団体や個人から寄付が寄せられ、ボランティアも集まります。生徒たちは、さまざまな人々と関わることで、人間関係が豊かになり、社会に対する理解も広がります。

若者支援を通じてさまざまな団体が参加して、地域の人々のつながりが生まれます。高校「カフェ」を通じて地域住民どうしのつながりが広まり、深まることは大きな副次的効果です。

こうして、「カフェ」は、生徒たちだけでなく、地域の人々の居場所、交流の場となってきます。校内「カフェ」はだれにとっても楽しい居場所です。皆さんもぜひ「カフェ」を始めましょう。そして、「カフェ」に参加しましょう。

◉編著者紹介

居場所カフェ立ち上げプロジェクト

特定非営利活動法人パノラマが呼びかけて開始した、「校内居場所カフェ等予防支援に於ける成果指標の作成及び在り方検討委員会」（高校内居場所カフェの意義を伝えるための評価指標づくりを行う実践者、研究者の委員会）を中心として、本書制作のために結成された編集委員会。編集にあたっては、日本大学の末冨芳教授や全国の校内居場所カフェ運営団体にもご協力をいただきました。

◉執筆者（*印は編集委員。肩書は2019年7月現在のものです）

石井　正宏（特定非営利活動法人パノラマ代表理事）*
小川　杏子（特定非営利活動法人パノラマ職員）*
奥田　紗穂（一般社団法人officeドーナツトーク職員）
尾崎万里奈（公益財団法人よこはまユース職員）
霜 堀　 春（福祉関係職員）
末 冨　 芳（日本大学教授）*
鈴木　晶子（特定非営利活動法人パノラマ理事）
鈴 木　 健（社会福祉法人青丘社職員）
高橋　寛人（横浜市立大学教授）*
田中　俊英（一般社団法人officeドーナツトーク代表）*
辻田　梨紗（「ドーナツトークとくしま」開設準備担当）
中田　正敏（かながわ生徒・若者支援センター共同代表）
中野　和巳（前・神奈川県立田奈高等学校校長）
浜崎　美保（帝京平成大学教授）*
東尾　茂宏（大阪府教育庁指導主事）
松田ユリ子（神奈川県立田奈高等学校学校司書）
山田　勝治（大阪府立西成高等学校校長）

◉お問い合わせ先

特定非営利活動法人パノラマ
https://npo-panorama.com/
https://npo-panorama.com/about/#section5

学校に居場所カフェをつくろう！
――生きづらさを抱える高校生への寄り添い型支援

2019年8月1日　初版第1刷発行
2022年6月30日　初版第3刷発行

編著者　居場所カフェ立ち上げプロジェクト
発行者　大　江　道　雅
発行所　株式会社　明石書店
〒101-0021　東京都千代田区外神田6-9-5
電　話　03（5818）1171
FAX　03（5818）1174
振　替　00100-7-24505
http://www.akashi.co.jp

装丁　清水肇（プリグラフィックス）
印刷・製本　モリモト印刷株式会社

（定価はカバーに表示してあります）　ISBN978-4-7503-4875-9